看見生命的火花

德國高齡社會紀行

陳伊敏 著

老，不止於一種

陳伊敏是《明周》資深記者，不管是寫汶川地震、深圳女工、智障者、精神病康復者、紋身、花道，還是古琴，她都帶著一般記者少有的人文關懷，文筆有時跳脫，有時文藝，有時深沉，有時在若有若無之間，留給讀者許多思考和反芻的空間。她的文字，很容易讀下去，一讀，放不下，然後，讀到中間，又不得不放下，因為讀著讀著，總有片言隻語，總有一些獨到的觀察，讓你停下來慢慢品味。

雖然是資深新聞工作者，屢獲新聞大獎，但於我而言，她仍然十分年輕。我不知道，伊敏甚麼時候開始對老人議題產生興趣，但經過多年深入採訪老人相關議題，她成了這方面的專家。一個專題，每每下筆萬言，讀者望文興嘆，以為讀不完，捧起雜誌，不知不覺，讀完，腦裡餘下許多讓人浮想再三的片段……她今次花了許多時間和心力採訪德國老人，有許多叫人印象深刻的片段，其中聚焦於老婦的美腿，大抵只有她才能（才敢於）寫出來，而且隨書附上對方「玉照」。

這是一本德國老人書，然而，這本書的重點不是德國，也不是老人，而是人原來可以這樣過活。重點不是老，而是人，而是生命。老人有本身的限制，老人的美腿再美，始終也有老人的弱點，這是毋庸否認亦不必諱言的，關鍵是，在這種和那種限制之下，一個人原來仍可以自由選擇一些東西。世界原來不是只有一個模樣，原來，老人和人一樣（很多人忘記了這一點），每一個都不相同，每一個都有

潛藏的活力，每一個都追求活得自由和有尊嚴。

雖然不是每個人都會老（因為有些人早逝了），但是，每個人都有很大機會老。一天一天，一年一年，漸漸發現，自己老了，身邊的人更老了。老，是每個人都要面對的事。老人不是老人的事，而是所有人的事。香港人為甚麼要看一本講德國老人的書？答案是：我們可以看到人，看到生命。我們可以看到不同的選擇，不同的方案，不同的態度，以至不同的精神面貌。

我有一段時間，做親子版記者，那時還沒有結婚，還沒有孩子，但我很喜歡做親子故事的報道，因為從孩子身上，我看到自己。有時無助，有時高興，有時不可理喻，有時卻能在不知不覺間做出世界上最美麗的事。老人的故事，其實十分好看。因為從老人身上，我們也能看到自己。

誠意推薦，大家放鬆心情，輕輕地拿起本書，略讀，輕讀，細讀，然後你會看見生命的掙扎和色彩。從德國這個地方，我們看到對待長者不一樣的做法和心態，從不同的老人身上，我們看到，老，從來不是只有一種。

張帝莊

資深傳媒人、作家

香港人，值得更美好的老年

認識陳伊敏已好一陣子。五年前，她替周刊做一篇長者醫療的報道，跟我談了很多次；她還陪長者一起去各間診所覆診，體驗他們去看醫生時的困境，那篇報道寫得豐富及生動活潑，給我留下深刻印象。

知道我有做義工的經驗，伊敏邀請我參與她們的一些探訪長者工作，我發覺她非常關注獨居長者的生活，是一個非常有心的媒體工作者。我在20多歲的時候已開始關注長者議題，喜見一位年輕記者如此用心關注高齡社會議題，而且花大量時間赴德國研究汲取新思維。

香港自1986年開始成為人口老化的社會，在過往的30年間，退休保障未完善、安老院舍不足、院舍質素問題、長者自殺、虐老等有關長者的處境都引起社會關注。進入2010年後隨著戰後嬰兒潮進入老化期，香港將會在20年間迎來200萬名以上的長者！有官員指是「人口老化海嘯」的來臨。作為從事多年安老及醫療服務的人，我們對這種論調不敢苟同——從來長壽都是華人文化中的「福氣」，也是反映社會的進步及醫療發達的成果。北歐多國在20年前已經步入這個人口改變期，亦不見得他們的國家有任何危機，最近我到訪瑞典及丹麥兩個北歐國家，發現他們的經濟仍然發展良好，是靠政府有一個良好的人口政策。

嬰兒潮世代的新一代長者，跟我們過往30年所服務的長者有很大的

分別，無論是在教育、經濟及經驗都更豐富。問題是我們能否好好地去發展他們的潛能？能否提升他們的生活品質與健康？能否提升他們的價值感，使高齡化成為社會的機遇而不是危機？

書中每一個長者的故事都體現了不被年齡限制的自主生活。長者們各個活出精采多元的生活。很值得長者、即將成為長者的人、關心身邊長者的人借鏡。

書中提到德國地方政府怎樣正面直視人口老化，推動長者積極參與相關的社會政策，這些政策都可以由長者的共同代表去參與制訂，反觀香港就是缺乏這些有效的機制，難以讓香港的長者得到適合他們生活的環境、設施、活動空間及服務等。

本書的命名就正是將人口老化的負面態度扭轉，啟發社會以新的視角看到高齡的潛力。

希望香港在未來十年，能夠聚焦新的智慧去應對急速的人口老化，去創造更好的空間為長者的不同需要而制訂社會政策及相關服務。

梁萬福醫生
香港老年學會會長、老人科專科醫生

遇見未來的自己

2013年，探訪獨居長者的經驗開啟了我對「老」這個話題的探索。

有一位90歲的伯伯，離島的家有個大花園，栽種果樹。第一次見面，他摘了龍眼請我吃；兩年後，他隨手摘個芒果給我；最後一次見他，木瓜、香蕉和番石榴都靜靜地躺在地上爛熟發酵，他已無法再彎腰去撿。不久，他竟坐著輪椅被送入老人院。

「我老到沒有力了。」這句話深深觸動我：原來力量最終會從一個人身上消逝⋯⋯老到無力，是怎麼一回事？我們從小被教育如何「長大」，卻鮮有學習如何面對「老去」—— 到底「老」意味著甚麼？

當記者多年，做過各種專題報道，我一直在工作和社會服務中探尋何謂生命，以及生命因何寶貴。寫過一系列高齡社會的議題：長者拾荒、醫療、護老者、臨終關懷，乃至高齡潮流衣著打扮⋯⋯有感香港談「老」，似乎總是和「問題」相連，令人不敢期待「老」。傳媒揭示問題的同時，也放大了高齡社會的種種負面和長者的弱勢。

傳媒呈現了甚麼樣的老年景象，大眾對長者的集體印象，皆影響著每個人對「變老」的理解與想像，乃至影響著不同世代之間的相處——你問父母「吃藥了沒」，還是問他們「去哪兒玩」，這是截然不同的態度。歷史上，從未像今天有這麼多的高齡人口，老年生活

也從來沒有像今天這般自主而多元。社會需要揭露問題的聲音，是否也可倡議新的角度，去演繹一個值得期許的老年？

2015年，我獲羅伯特‧博世基金會「中德媒體使者」獎學金在德國交流數月，親見79歲婆婆每週健身三次，穿著背心超短裙；90歲的伯伯在學新語言和跳舞；89歲的獨居婆婆不愛機構送餐，打一個電話便有護理員每日上門以她的老食譜來煮她愛的菜式；盲人老人院定期有視覺藝術展，儘管大部份長者看不見，但院方相信弱視的可分辨鮮艷的色彩，縱使長者看不到，家人也可欣賞……我好奇，德國人何以老得如此生機蓬勃、優雅從容？公民社會如何看待養老的挑戰？

德國經驗啟發我看見年老新的想像力，不美化亦不災難化老去。2015年回港後，我在《明周》和「端傳媒」發表了一系列文章，從讀者迴響和各大機構的邀約分享中，我看到社會的需求——尋找新的可能性。是故，2017年，我再赴德國尋找答案，走訪十多個城市，從高官到救濟金領取者，從2歲到105歲，從個人對老年的哲思到公民社會的自主行動，200多個訪問，漸漸接近追尋的答案。

不少人總以「外國地大」、「富裕」、「制度更好」為由判定香港做不到。殊不知，德國和香港的人均GDP相差未幾，德國許多城市

1990年代年開始部署高齡社會的未來，當時高齡人口和當下的香港相若。「香港地方太小」、「資源分配不均」皆不是故步自封的藉口。期望政府制訂政策的同時，公民社會有沒有自主行動的能力？制度改變需時，人心的轉變來得更快——轉念可在瞬間，每個人都有責任深思如何老去。然而，這不等於政府不作為——政府也是由人組成的。

「老」不只是老人的事，而是所有人的事。雖寫德國，但我選取的是香港可借鑒的視點，希望從中看見我們的優勢和潛力。最終，地域背景並不太重要，更重要的是面對「老」這一課題時，能思索共同的困難與經驗，看見每個人的可能性——不管活到多少歲，都可以點燃生命的火花，都可以閃閃發光。

最後，這場探索啟發我對「老」有了新的視角，也對活好每個年紀有了期待。今天的念想，主導著我們未來成為怎麼樣的老人。

這本書發出的是一份邀請，探索老人的未來，以啟發未老的人：如果能遇見未來的你，想看到一個怎樣的自己？

目錄

序一	老，不止於一種 / 張帝莊	004
序二	香港人，值得更美好的老年 / 梁萬福	006
前言	遇見未來的自己	008

Chapter One ———————————————————— 不怕老

獨一無二的年華
Sparkle at Every Age

Age 80	只要新生活無需新男人	016
Age 82	老男人的小清新	044
Age 81	別想打阿婆主意	062
Age 69	重新定義人生的節奏	080
Age 74	舞吧！24小時都不夠	104
Age 76	好學的百科全書爺爺	116
Age 81	雕刻生命的深度	134
Age 78 & 78	一起變老 觸得到的溫度	152
Age 87 & 69	我們一定會再相遇	168

高齡社會的機遇
New Ideas for Positive Ageing

Idea 1	舞走孤獨	192
Idea 2	老人興趣班　300 種可能	196
Idea 3	長者形象營銷　重金賞「老」	204
Idea 4	給每一位「80 ＋」寫信	208
Idea 5	校內有一老如獲一寶	214
Idea 6	教長者適應未來家居	218
Idea 7	德國祖母的工作假期	222
Idea 8	高級專家單槍匹馬闖天涯	226
Idea 9	勞動換宿	230
Idea 10	貧富共處的豪華養老社區	232
Idea 11	古宮裡的德式桃花源	236
Idea 12	從性小眾的孤島到老年同志的樂土	246
Idea 13	在安老院談戀愛	254

沒有孤獨的城市
Arnsberg, A City Without Loneliness

老幼共融　我們家的祖父母	263
當你老了　想過怎樣的生活	269
活躍退休族　城市最美的景象	289
樂享生活　最安心的晚年居所	315
後記　超重的行李	334

| 結語 | 336 |
| 鳴謝 | 338 |

獨一無二的年華

我單刀直入：「『老』是怎麼一回事？」

他們說，能夠活到老，是一份歲月的禮物。老年，有著不一樣的容顏與溫度。雖有身體老化的難堪，亦有時間贈予的深度。只要生活熱情的火種不熄，老年，便會綻放出獨特的火花。

是以，八十歲，還能優雅獨居；七十八歲，失戀可以重新振作；七十二歲，還要瘋電音、跳熱舞。六十五歲，卸下工作頭銜，正好重新定義自我，籌謀未來二、三十年的生命旅程。德國長者不刻意抗老，反而瀟灑迎老；不追求逆齡，不掩飾歲月留下的痕跡，只在每個年紀活出自己想要的樣子。

年齡只是數字，重點不是他人怎麼看我們，而是我們怎樣看生命。每個年紀都是獨一無二的好年華。

Sparkle
at Every Age

不怕老

Inge Foerster-Baldenius

Chapter I ——— 不怕老

「我不是任何人的附庸，我是我自己，不管多少歲，我就是一個獨立的個體！」

「我本人就是有機的！我從來不抗拒我的年齡，也不做任何抵抗衰老的事情。老了就是老，我還是我。」

只要新生活
無需新男人

阿爾斯特湖像鑲嵌在漢堡市中心的一顆明珠，初夏的陽光明媚，被微風揉皺的湖面跳動著點點銀光，片片白帆緩緩滑行。北德的夏天，晚上十點才天黑。

2017 年再次赴德國的第一站就是回到漢堡，探望住在湖邊的德國祖母 Inge Foerster-Baldenius（暱稱 Nine）。2015 年我獲選「羅伯特·博世基金會中德媒體使者」到德國交流三個月，Nine 正是我的接待家庭。

「歡迎回家！」門一開，Nine 熱情地與我擁抱。彷彿就在昨天，2015 年秋，我忙亂地收拾著行李準備回香港。Nine 見我行李箱一直關不上，優雅笑語並伸出一隻腳：「此時你需要一隻大象。」說罷金雞獨立似地放開腳力壓向行李箱，立刻

關上了，我們放聲大笑。

她細心預早為我安排好一輛往機場的車，還幫我一起抬了大行李下樓。那天，Nine 的丈夫 M 先生撿起一片剛剛飄落的黃葉放到我的手裡：「香港還很熱，請你將漢堡的秋意帶回香港吧。」車門關上的時候大家都依依不捨，熱淚盈眶。「不要把我忘記了。」她說。

◇◇◇◇◇◇◇◇◇◇ **睡了一年沙發** ◇◇◇◇◇◇◇◇◇◇

這次回來，感覺氣氛有點不一樣了。屋內少了許多家俬，原本滿架的書間隔著被抽走了一部份，仿若滿口排列整齊的牙被硬生拔掉了幾顆。Nine 招呼我到主人房去住，只見原本的大床沒了，嶄新的床墊放在木架上，Nine 自己則睡在客

廳的沙發。比起兩年前，沙發凹塌了不少。Nine 已經睡了沙發一整年！

「要回到那個睡房去住，對我來說有點難。」她艱難地擠出一句話，嘆了口氣。倔強如她，平時處變不驚，沒想到神情如此落寞。

難以置信！一年前的某天，M 竟然說要搬走，說想要獨自生活，隨即帶走一半的家俬。Nine 措手不及，「他以前賭氣說過很多次。」搬走後兩人沒有再深入溝通過，M 只是偶爾回來取信取東西打個照面。

我兩年前住過的那間客房，窗外正對著 M 的辦公室。這房間 Nine 也是不願再住的，她短租給一位德國女士每星期住兩三天。有人在，彷彿可以佔領空氣，隔開一點距離——以前他們常站在窗邊遙望著互相招手。

我曾寫過他們浪漫到老的故事，沒想到時隔兩年，人面不知何處去。浪漫不只是與青春有關，失戀也不止發生在年輕人身上。78 歲的她，要怎樣面對失婚後的獨自生活呢？「這就是人生。」Nine 緩緩地吐出一縷煙。她抽煙比以前更猛，電視也開得更多，有時開著電視睡著了。

曾經是對的人

猶記得上一次住在這裡，卻是另番景致：76 歲的 Nine 每個星期都會收到 M 送的花。她愛鞋，尤其高跟鞋。意外傷了左腳，動手術前她對醫生千叮萬囑：「醫生，

我的鞋子都是高跟的，你可要做得好一點啊。」她曾津津樂道，75歲生日，他送給她的生日禮物是一雙五吋高跟鞋。「在我眼中你是 lady，無論多大年紀。」他的話總曾那麼令人心花怒放。

在特別紀念日，他為她親自設計配飾。胸針的造型是兔子和龍——他們一人屬兔，一人屬龍。許多耳環、鏈墜都有不少「密碼」。結婚戒指也是他的創意，有數字三和七。「世界上只有我們二人知道這組數字的秘密。」猶記她曾揚起無名指那嫣然一笑。

他們結婚的時候，他67歲，她68歲。兩人本有家室。Nine 40歲的時候在維也納遇見 M，瞬間天雷勾動地火。「第一次見到他時，內心不假思索蹦出一句：我嫁

錯人了！」她形容得繪聲繪色，重溫著心跳的感覺。

自從開始約會，Nine 第一時間告訴丈夫自己愛上了別人。「說出來反而不難，更難的是欺騙和隱瞞。M 比我有更多掙扎，因他選擇不說。」她素來坦蕩。當時前夫很難過，但沒有大怒，甚至沒有怪責她，最後成人之美，給了她自由。「我愛你，但願他也一樣愛你……」

Nine 年輕時在挪威生活和工作，懂得挪威語。挪威大使館請她去不萊梅市做翻譯，住處的房東有個和她年紀相仿的兒子，正好到不萊梅度假，二人一見鍾情。他們25歲結婚，生兒育女，過著舒泰的生活。她至今仍讚嘆前夫是一個真正的紳士，從未失卻風度和氣量。「人人都說，

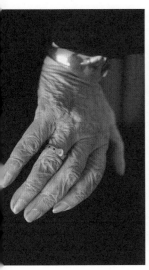
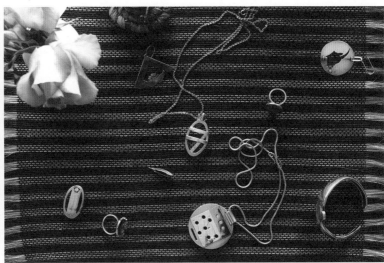

這麼好的一個男人，你怎麼捨得離開？」

雖然激情戰勝了安穩，她還是等到孩子長大了之後才搬出去。55歲時，她離婚了。M等到62歲才離婚，有一段時間夾在前妻和Nine之間左右為難，「他兩個都愛。」Nine說。他們曾經長時間做週末情侶——他在漢堡，而她先後在柏林和施威林工作，每次一分別就期待著下次相聚。

◇◇◇◇◇ 我們只是看法不同 ◇◇◇◇◇

婚後他們一起住進M父親留下的湖邊房子，房和車的費用都是各自支付的。M的

父親是漢堡著名建築師，這棟樓就是由他設計的。客廳對著湖，整面是落地玻璃窗，洗手間、廚房都開了天窗，採光一流，日間整個屋子明亮通透。他們住在四樓，小電梯僅容納三人，別緻而實用。他們所住的St.Georg區毗鄰阿爾斯特湖，屬於漢堡最受歡迎的潮區之一，既有先鋒小劇場也有大劇院，前衛的創意設計工作室鄰近藝術博物館；大教堂與清真寺遙遙相對。貧富混居，豪宅隔一條街就是基層社會房屋。Nine喜歡這樣多元的氛圍。「住在一個夠酷的地方，你會老得慢一點。」

Nine熱衷政治，曾是社會民主黨的新聞

發言人，退休前在臨近漢堡施威林當了15年政府新聞官。退休後是漢堡 Mitte 區民政事務處長者代表大會諮詢委員會主席，向政府反應區內長者的訴求，監督政策是否關顧到長者。

M 是建築師和城市規劃師，在德國戰後「經濟奇蹟」中成長，曾在美國留學。繼承了父親的建築公司，沒有因「富二代」身份而揮霍自己的幸運，40多年來勤懇工作。儘管他自己亦是業主，卻積極倡議區內的租金管制，不願見到所住區域演變為單一的富人區。走在漢堡市區，隨處可見他的作品，除了辦公室和私宅，還有不少社會福利房屋……這些都是 Nine 所欣賞的。

本該和 Nine 同步退休的 M 75歲卻還每日上班。Nine 一語道破：「公司由年輕的合夥人主導，他在辦公室日漸失勢，每天去上班似是自我安慰。」她的敏銳對他而言也許太過尖銳。

當 M 被選為 St.Georq 區公民協會主席時，幾乎全票通過。唯一一張反對票竟是來自 Nine。她說：「我一個人在家感到孤單，他每天去公司。若加上這些民意代表的事務就會更忙。如果他有多一點時間和我一起會更好。」有時，她約他去聽場音樂會、看場電影，他卻說太忙碌。不過每當她說：「那我只好自己去看吧。」最終他還是會陪她。晚飯後一起喝著紅酒看電視，最讓兩人屏息凝視、歡呼雀躍的就是足球。Nine 不喜歡現場看——太吵了。雖說如此，只要有球賽，她始終會陪他去。

關係的裂縫並非某件事造成的，而是那些雞毛蒜皮的摩擦，彷若一粒粒沙子日漸匯聚在一起令感情沙漠化，最後吞噬原本的美好。2015年我寄居時，偶見二人爭辯得面紅耳赤。聲量不大但語氣卻略感火藥味，一個咄咄逼人，一個據理力爭。「你全部都對，你甚麼都懂。」有時 M 賭氣。「我不需要男人為我發言，我和你只是看法不同而已；但其實我們並不需要想得一樣。」Nine 當仁不讓。M 一生氣說先去睡了。第二天，往往由 M 先開口打招呼。至於前一天爭吵的是甚麼話題，大家睡醒就像甚麼事情也沒發生過一樣。「我期待更多親密感和愛，我們曾經是那樣的熱戀……」M 有次欲言又止，道出一點心事。

2015年，中東與非洲局勢混亂，難民洶湧走避歐洲尋求庇護，出現二戰以來最嚴重的難民潮。德國敞開國門，成為接收難民最多的歐洲國家。深秋，每個月有數以千計難民湧入漢堡等待安置。清晨的溫度大約攝氏三度。第一縷晨光還未到達，Nine 和 M 頂著凜冽的寒風到中央火車站給難民送早餐。短短兩個禮拜，Nine 煮了400個雞蛋。

他們在報紙上見到大批未成年的難民孩子獨自來到德國，無父母在身邊，討論是否接兩個青少年回家暫居。M 總是熱心公益，立即湧現許多想法：「不如帶他們去運動，看戲劇、聽音樂會……」「等等，讓我們想一想，戲劇真的是他們的興趣嗎？做運動？他們可以的，但不是由你帶他們做，你比他們大60歲了！」Nine 總是一針見血，看事物帶有批判性。

時隔兩年，從兩個人的晚餐，到一個人的日光……

「我們可以貼出海報，問誰想看戲劇。」
「我覺得肯定沒人被吸引。」

被澆了冷水的 M 默不作聲。見 M 有些沮喪，Nine 就說：「冷靜，我們可以做很多事，但要再想一想更好。」Nine 屬於「刀子嘴豆腐心」，雖叫 M 謹慎對待收養難民這件事，但後來還是擔任難民小男孩的監護人，承諾培育到他成年。Nine 每個星期教男孩德文，M 則教數學，兩人一嚴一鬆。男孩貪玩，Nine 要求他必須要用德語學習，這樣才能融入德國社會，但 M 卻一直和男孩說英文，二人的理念大相徑庭。

◇◇◇ 黃金歲月　重整生活 ◇◇◇

夕陽西下，以最美的景致結束了一天。

雲朵披上了金輝，天空被抹上了一層火焰。她坐在落地玻璃窗邊，湖景盡收眼底。他們曾一起欣賞過無數個這樣的絢麗黃昏，如今只有她一個人看日落，獨自看變幻莫測的晚霞漸漸消失在黛色的天幕裡。

Nine 原本一直過著理想的生活，深信漢堡是她安享晚年的好地方。沒想到這樣的日子這樣的感情都會終結。除了那張深陷的沙發，我無從得知過去一年她如何度過。說起客廳的家俬一半被搬走了，Nine 踮起腳尖做出一個跳芭蕾的舞姿：「現在我有更多地方可以跳舞了。」然而她沒有和 M 討論關於他們的關係何去何從，「如果他想回來，他自然會回來。」每次談及這個痛處，她都一字一句地說「這就是人生。」

空氣留下一陣沉默。

自從 M 搬走後，每天早晨，有一隻松鼠會來到睡房外的露台，有時候站在花盆邊，有時候站在桌子上。而 Nine 每次都請它吃上等的堅果，還為它改名 Hanse。若是 Nine 外出遲遲未歸，Hanse 會立定隔著玻璃向睡房內久久張望。「有一天，Hanse 還帶了一隻小女朋友來探望我，好像帶來給我過目。這陣子有幾天沒有來，可能忙於約會了⋯⋯」說起這位小友時 Nine 顯得愉快。

「最近天氣不錯，陽光普照，生活照樣繼續。」在 Hanse 陪伴下，Nine 日漸振作。

白天很多時候一邊抽煙一邊收拾文件，一張一張地仔細過目，她逐漸精簡物件。

退休後，廚房成為 Nine 的新陣地，「閒人免進」！以前和 M 在一起，她每天精心準備三餐。「男人不會明白，煮食也像建築一樣，食材和配料組成菜式的結構，準備的過程中我好像聞到已經做成怎麼樣的一道菜了。男人總是解決問題，女人更注重感受。」她廚藝了得，各國菜式難不倒她。那時她煮好了也從不催促他何時抵家，只是在家等著他的電話。「何須催他呢？他若回到家了，就是該回來的時候。」她珍惜兩個人的距離。

最近天氣不錯，陽光普照，生活照樣繼續。

等待的間隙，她一邊聽新聞，一邊插花，而後放在屋內不同角落。有的花束凋謝了，她便剪下完好的一朵漂在碗裡養著，廚房頓時多了生趣。她精心挑選餐具，有時候點上蠟燭。「不管他人如何待你，你都不要忘了對自己好。」Nine 對食物一向講究，絕不浪費。即使一個人住，她也會花時間精心準備午餐，擺盤決不馬虎，晚餐一般只吃輕食或麵包。

1943 年 7 月，盟軍地氈式空襲將漢堡市炸成一片廢墟。四歲的 Nine 與哥哥姐姐一起被父母帶著緊急鑽進地下防空洞逃難，不知道過了多少天，「等我們出來的時候，房子都不見了！」一片斷壁殘垣中，Nine 童年時就經常和哥哥在亂石堆上玩耍，「我記得很多汽車被炸得沒有門，我曾鑽進去一個破車中找到了煙，回去送給爸爸呢。有一個英國士兵看到我這棕色卷髮的小女孩，給了我一排朱古力！」

「不只是我們，戰爭結束後整個世界都很艱難。我們是不怕困難的，有困難，就去克服。」戰爭給她留下難以磨滅的印記：人生必須睡好，她在逃難的時候夜不能寐；必須吃好，家裡有足夠的水、蔬菜和米，為饑餓做準備；至今，直升飛機的聲音她是不能聽到的；地下室也是不敢去的。

不管心情如何，Nine 每天都為我準備早餐，只要提前一晚告訴她第二天的出門時間，當我起床時，早餐已經準備好了。常常是各種德國麵包、芝士，還有中式的蔬菜面，配上朱古力水果，還搭配各種鮮花。餐墊是一張漢堡地圖，看多了

漸漸印入腦子。每隔幾天她幫我洗衣服，烘乾了放我床上。每當我去洗碗，她總是說，「我才是廚房女王，你只要吃得開心就好！」住在她家，她對我唯一的要求就是用完洗手盆，要立即用布將水抹乾，用完浴室地板也要擦乾。

2017年，到了德國沒幾天我就發燒了。為免麻煩她，我若無其事每天同她說笑。直到失聲說不出話，沉默了一天。她問我：「怎麼心情不好了？」我手腳比畫，她明白了，關切地拿出德國草本的感冒藥給我。連續幾天，她給我準備的早餐多了中國的小棠菜，餐桌放著一瓶止咳藥水和一個探熱器。出門時她提醒我戴個圍巾。晚上，我的被子蓋起來有太陽的味道——白天她將我的被子拿出去曬過。

過了幾天，她家裡看門口的藥都被我試遍了，還是不見開聲。她牽著我去醫院看急診，隨身還備了一瓶水給我。輪候室有各種雜誌和礦泉水，見面時，醫生和我友善地握手。「可以讓我為你檢查嗎？」聽完簡直受寵若驚。「這是醫生應有的態度。病人已經不舒服了，醫生當然要讓你感覺良好。」Nine 說，這是作為病人的權利。正好當日有耳鼻喉科醫生當值，普通科醫生檢查完，專科醫生又再檢查一次，只是普通炎症，並無大礙。那幾天 Nine 成為我的發言人，幫我打電話去將訪問改期。

⬦⬦⬦⬦ 女權是她的 DNA ⬦⬦⬦⬦

Nine 嗓音低沉中帶有幾分沙啞，白天煙不離手，有時候邊抽煙邊看書。放在手

邊的有德國前總理 Helmut Schmidt 和 Willy Brandt 的傳記，以及首位東德領導人 Walter Ulbricht 寫的德國工人運動史。

「每天起床看到太陽，足以令我感到快樂。」Nine 天性樂觀風趣。她出生於平民家庭，父親是船公司普通職員，媽媽是餐廳服務員，勤儉有智慧。祖父加入了德國社會民主黨（SPD），父親影響了她，她又影響了孫女。

「SPD 重視社會福利、強調平民、工人、窮人的利益。」她一輩子都記得小時父親對她說：「你和男孩沒有差別，可以一樣出色！我當你是兒子一樣。」她自小被灌輸一個人的價值和性別無關。

她是個不折不扣的女性主義者，向來我行我素，相信男女應該平起平坐。「很多女人總覺得自己比男人遜色。我從小知道自己可以做任何男人可以做到的事情。

女人也可以當政治家。我可以和男人一起生活，但我不是任何人的附庸，我是我自己，不管多少歲，我就是一個獨立的個體！」

漢堡的政客常請 Nine 幫忙參謀，有時候請求她幫手拿選票。以前她會挨家挨戶敲門幫人拉票。但近五年，她退出江湖，不再上門了。「這不是我的未來，不是我的政途！年輕政客要靠自己去打拼了。」他對政客直言不諱：你不是我喜歡的類型，但是我欣賞你做的事情，所以我投票給你。

和她高談闊論的朋友大部份是男性，「我不是一個喋喋不休的女人，我不愛閒聊，喜歡討論社會時事、世界大事，男人喜歡和我聊天，不過，是在我搶走他們的工作之前。政壇向來是個男人的世界，女人從政絕非易事。男人熱衷和男人聯盟，同聲同氣，平時說：我支持女人，等到你當了他的職位，他發現大事不妙，馬上劃清界線。」這是她的經驗之談。她認為女人不該逃避政治，因為政治無所不在。「政治不只是選票，有選擇、有利益分配，就有政治。」一說政治，她彷彿成為站在台上的演說家那樣光彩奪目。

老就是老，我還是我

Nine 一天天恢復神采，書桌被搬走了，她卻多了一個舞台。

每天出門前會精心打扮。她在家不穿拖鞋，睡衣對她來說太囉唆太拖沓，她甚至不穿居家服，就算在家裡也是從頭到腳穿得漂漂亮亮。「我只有性感的睡袍，但那不是穿在客廳的。」她年輕時真是一個俏佳人，相比其他德國女人，身材頗嬌小。衣服鞋子大多很精緻，常常令我垂涎。沒想到很多衣服都是年輕時一直穿到現在，真正的不過時。家中有一個高至天花的鞋櫃，大多數是高跟鞋！有的鞋子穿了三十年。孫女繼承了她所有的晚裝。「我最後一件小黑裙也寄走了給孫女，現在終於可以買新的！」她雀躍地手舞足蹈。

每當見到我塗護膚品，哪怕是天然有機的德國產品，她往往會嗤之以鼻：你本來就年輕漂亮，你塗這些，不會讓你更漂亮，只會讓你的錢包更單薄！「別塗太多！看我，我本人就是有機的！」Nine 將臉湊過來，以做廣告的語氣說。

她一輩子沒穿過胸罩，用的都是最自然的東西，屬於天生天養的那種。她從不用護膚品，只化點淡妝，也不介意白頭髮和臉上皺紋，「我從來不抗拒我的年齡，也不做任何抵抗衰老的事情——那些都是徒勞無功的。老了就是老，我還是我。即使你的臉搞年輕了，頸也遮不住，隨時洩露年齡；就算頸也修飾了，你的手一伸出來，老態也就無所遁形，塗甚

麼都沒用！」幾年前，Nine「晉升」為曾祖母。「你看，曾孫女都有了，也許我真的要認老了！哦，真的老了。」Nine 搞怪地裝作彎腰駝背地。「當我50歲時，我曾想過，哇！70歲真的很老。我曾以為老是別人的事，與我無關。現在我78歲了，我頭髮沒有以前那麼卷、那麼多，手上有皺紋、黑斑；我沒有以前那麼漂亮，但可以接受。當然，我年輕時也不是太漂亮，不過我很有趣。現在老了有另外一種美。」她充滿自信。

夏天她被黃蜂螫了胸部，腫脹疼痛，她堅持不吃藥，只是去醫院覆診，觀察傷勢。「會好的，只是時間比較長一點。」有時候扭傷了腳，痛得走路一瘸一拐。她從容地說：「沒事的，給它一點時間恢復吧。」72歲時，她還騎了15天駱駝穿行撒哈拉沙漠，全程300公里。「我也有全身痛，退化，這是一件很自然的事。現在不能爬山了，但我總可以找點其他的來做。」有天，她剛買完菜回來就遞過來一個安全套──超市贈品，「我再也不需要了，送給你吧。超市真是慷慨，也糊塗，逢人就派！真可笑。」

一天天恢復神采，書桌被搬走了，她卻多了一個舞台。

◇◇◇◇◇ 只要新生活　無需新男人 ◇◇◇◇◇

離開德國前幾天，Nine 告訴我，她決定
用四個月時間慢慢準備搬家去柏林。「我
會和這裡的生活徹底一刀兩斷，不會再
眷戀。雖然現在感覺很差，但是一直停
留在過去，將會失去未來。」日復一日，
她翻箱倒櫃，每天整理一點舊文件，舊
物被她一件件扔掉。

這是我第一次見到她眼圈紅了。「他一年
前走了，我等他一年已經足夠了。我自
己的未來如何呢？」我默默點頭，給了她
一個擁抱。Nine 沒有流淚，只是微微哽
咽：「搬去柏林後，我會改變生活的環境，
做點不一樣的事情。柏林比較嬉皮熱鬧，
沒有漢堡那麼優雅踏實。既然那麼多人
喜歡去柏林，相信我總可以找到安身之

所。雖然不容易，但我會好好學習在柏
林生活，也許用十年來適應！我會帶著
自己，帶個電視，最重要的還是我的廚
房。不需要買很多東西，也不會帶漢堡
的舊物——那些屬於昨日的東西。」

「我將過一種全新的生活！只要新生活，
新男人就免了！」她一字一句說得斬釘截
鐵，語氣是一如既往的俏皮：「偶爾約會
吃飯可以，但是不想要一個每天清潔假
牙、周身痛的老骨頭在身邊了，我有足
夠的錢給自己辦個好的葬禮！」

除了搬家這個大決定，她還計劃去南極
旅行，「世界上大部份地方都去過了，南
極將是我在這個世界最後一個想去旅行
的地方。」當她發現相機被 M 帶走了，安
然一揮手：「沒關係，反正我不需要帶相

機，我看世界是用眼睛觀看、用皮膚感
受的，而不是靠相機來看。」

2017 盛夏，當我們再次道別時，她恢復
了昔日神采，對未來的新生活多了一份
嚮往。

次年夏天，她電郵告訴我，已經在柏林
安頓下來了。「任何時候回來都可以，我
在家等你。」

謝謝您的款待，我的德國祖母。

老友不怕

退休生活是怎麼樣的？

我依然關注新聞，緊貼德國和世界大事，我沒有變遲鈍！在這個一萬多人的社區中，我是漢堡 Mitte 區民政事務處長者代表大會諮詢委員會主席，連續十多年投票當選！退休在家，我已經不需要那麼優雅了，但是我隨時又可以優雅起來。最令我驕傲的是75歲時我當了曾祖母，四代同堂。每天起床的時候看到陽光，就感到開心。當然，老了有一點錢在身邊總是好的。

你對老年社會的觀察是甚麼？

許多老人覺得「我年輕時過得辛苦，付出那麼多，現在我是老人了，輪到你們來伺候我了。」不，不該如此。你若還能做力所能及的事，為甚麼不做呢？人在年輕的時候就該好好準備老來如何過好自己的生活。每個人有責任管理好自己的

人生！沒有孩子的老人，可以去做社區服務、做義工、給鄰居帶孩子。你總是仗著有社會福利坐等支援，等著政府照顧你，等著年輕人幫你，那麼你又為下一代做了甚麼呢？

老年的理想居住是怎麼樣的？

關於居住，越早考慮越好。當你老了，住哪裡都無所謂了——沒有行動力。我媽媽在我爸爸去世後主動去住老人院。萬一有事發生，也有人在身邊，她住得很快樂。老人院無自由，甚麼都要定時定候，但是她感到自由——內心的自由。而對我來說，與年輕人一起住比較有趣，知道世界是甚麼樣的。我最理想是住多代社區，或者搬到兒女附近，讓他們不會太奔波。

步入老年，你的身心經歷了甚麼變化？
58歲時月經停了，不再需要生孩子了；人老不會連續睡很久；大概十年換一副老花眼鏡；頭髮沒有以前那麼卷、那麼多；手上有皺紋、黑斑。

年輕時候想過自己會變老嗎？
我一向順其自然，甚麼年紀，該做甚麼就去做甚麼，年輕時未想過甚麼是「老」。現在會考慮當最差的事情發生時我能做甚麼。

你內心感覺幾歲？
實際78歲，內心就78歲吧。（編註：2017年訪問時答案）

你怕老嗎？
我不怕老，只是怕病。

你怎樣看待「老」？
我年輕時也不是太漂亮，不過我很有趣。雖然現在沒有以前那麼漂亮了，但老了有另外一種美。我從來不抗拒我的年齡，也不做任何抵抗年齡的事情。老了就是老，我還是我。

你怕死嗎？你怎樣看待死亡？
我不怕，怕就可以不死嗎？如果我死了，我希望葬禮由孫女彈鋼琴，家人吃餐好的，不要給我買花，反正我看不到了。

如果可以時光倒流，想回到哪個年紀再經歷一次？
不會回想過去，我著眼於未來。

「人總要做點事！這樣身體無時間變老，我也從來未感覺累，這樣有幹勁，才會越來越年輕。」

Age 82

Marcel
Derksen

Chapter I ——— 不怕老

「一個盲人，但可以聽到
鳥叫；一個聾人，但可
以看到天空；一個不能
走路的人，但可以微笑。
他們用自己的方式感受
活的快樂，只要相信，
上天會給你力量。」

老男人的
小清新

踏入 Marcel Derksen 位於漢堡市中心的家，撲面而來的清新、雅致和潔淨令人難以聯想到竟是 80 多歲老男人的家！

窗簾用半透明的白紗，門上裝著水波紋壓花玻璃，一屋的陽光將每個細節都照得通透，沒有雜物，沒有暗處。曾有位女性朋友在他外出旅遊期間借宿一宵，之後不好意思繼續住下去，因一切都太乾淨整潔，生怕自己會弄髒！滿屋敞亮通透，柔和的色彩令人想起地中海的明媚陽光。

「清晨的一個小微笑驅散了夜晚的黑暗。」Marcel 說。

客廳貼花卉牆紙，當眼處擺著他遊歷世界搜羅而來的精品，24 隻俄羅斯彩蛋是近十年從各地收集而來。酒架上的各色

威士忌、拔蘭地、果酒、蘭姆酒都是為客人準備的。廚房是一片田園氣息，粉綠色的牆面、草綠色的印花桌布，窗口掛著鈎花白蕾絲薄紗短簾。Marcel 的媽媽是法國人，他一直相信生活品味來自於媽媽的影響，從小耳濡目染，對於美麗的事物很敏感。

一間光亮的房子

Marcel 站在客廳窗邊，輕紗隨著微風撫著他經緯縱橫的臉，微笑由心而發。他深愛太陽，時刻像這樣享受著陽光。他喜歡藍色，睡房擺設潔淨如新，各種藍色被用得淋漓盡致：天藍色吊燈、寶石藍枱燈、湖水藍床笠、淺藍碎花抱枕，溫潤的白地藍花窗簾，淺粉藍色的牆，牆上的畫混合著亮海藍、天竺白與銀月

白的變調。「藍色是天空的顏色，明亮、廣闊、澄清，也是代表希望的顏色。」

2011年搬進來，房子50多平方米，位於最頂層。一眨眼的功夫，他就氣定神閒登上樓了。74歲的他一手布置了這個家。他花一個月時間油牆、駁水電，添置家俬、自己組裝櫃子、種花，點點滴滴不假手於人。

每月租金500歐元，加上夏天冷氣、冬天暖爐、電話水電等雜費，差不多700歐元。這可是在市中心的好地段！很多德國人租房一輩子，房子的空置率不高，好屋令人趨之若鶩。他找了很久才找到這間，最終業主在長長的候選名單中選了他——看中他的好名聲。「我整潔、安靜、友好。業主說不會趕走我，我可以一直住到最後。」

「一個安樂窩最重要是放鬆，令自己愉快。我喜歡房子光猛，要有大窗，顏色要明亮的，一切都必須井井有條。每天早上醒來，我都會看到天空，在我這個年齡，每迎接新的一天都是一份禮物，我很感激。」

我想起歌德那句：「陽光越是強烈的地方，陰影就越是深邃。」

「我的童年不算是童年。」二戰結束那年，他八歲。他整個童年的記憶只有戰爭。「我知道甚麼是戰爭，甚麼是難民。祈求我有生之年不要再有戰爭。我的願望是世界和平，沒有人受苦。」他強調了三次，「希望世界和平。」說得很動容，絕

藍色是天空的顏色，明亮、廣闊、澄清，也是代表希望的顏色。

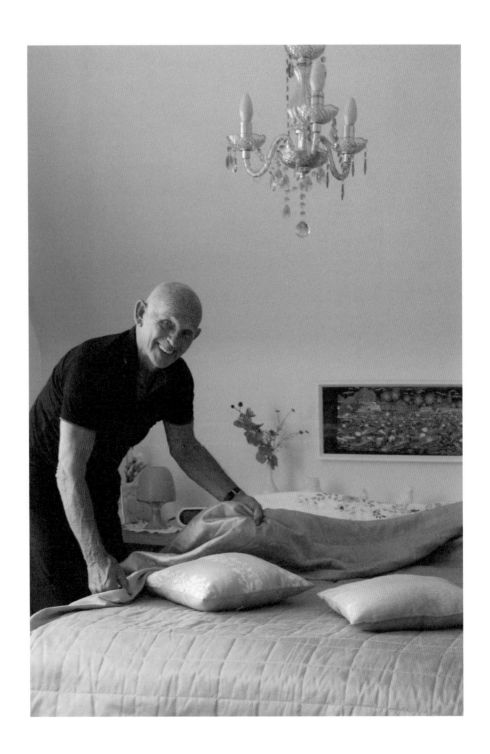

對不是那種無關痛癢的空談，而是發自肺腑。

Marcel 從小顛沛流離，與父母失散過，寒冬生吃冰凍的薯仔充飢，經歷過徒步逃命，聽過此起彼伏絕望的慘叫，親眼目睹過俄軍強姦婦女、戰場上的屍橫遍野⋯⋯最後他和許多同年代的遺孤一起被美軍送去孤兒院生活了四年，直到1949年，父親透過尋人啟事找回了他。

戰爭的苦難留下刻骨的悲愴回憶，時至今日，電視電影上任何一個有關戰爭的畫面他從來無法直視。一看到暴力畫面，炸彈的聲音還在耳邊迴響，久久無法擺脫。「和平才是我們的未來。戰爭是世界上最糟糕的東西，當老一輩離去，越來越少人記得戰爭的可怕。我看到全球各地的政治，明白年輕人想要自由，自由是一顆鑽石，非常寶貴。但是一定記住溝通，不要武力，遠離戰爭。」說起這個話題，他面上的肌肉變得緊繃。

「深沉的顏色讓人感到壓抑、封閉；光亮的淺色能夠驅走陰鬱，帶來開放、明朗的感覺。」他一回到家便感受到生活的喜悅。活到老年，他不願再被裹在黑暗的陰影中，給自己建造了療癒的場域，時刻提醒自己：我此刻活得很好，眼前是光明的。

◇◇◇◇◇◇◇◇ 一種澄明的思想 ◇◇◇◇◇◇◇◇

2004年南亞海嘯發生時，他正好在泰國沙灘度假，死裡逃生讓他更堅信要活在當下，「我感激生命中的每一天。」

年事漸高，身體會經歷甚麼變化？我盤根問底，他思前想後，只記得偶爾一隻眼睛有點不舒服，很快沒事。長了皺紋，不過無所謂。唯一能感覺到的變化就是掉頭髮。「人當然不是完美的，大概有四成不完美，但是不要忘記還有六成是完好的！」他現在雖然聰明「絕頂」，但他自信依然。他身體健碩，連小毛病都沒有。醫生埋怨他說，你是一個奇跡，太健康了，我賺不到你的錢！

他不抽煙、不熬夜，自己做家務，每週兩、三次運動，游泳、做園藝，每天跑步兩、三公里，風雨不改，這些努力令他保持體形。大多數時候他都感到喜悅，過了60歲更不容易生氣，也不會抱怨。每當他感到生氣時便去睡個覺，醒來第二天看這件事的角度可能又不一樣。「我慢慢多了種看透世事的態度，以前困擾我的事情已經不再是一回事。」比如現在收到一封壞消息的來信，他會看一眼，如果覺得很不安，就先放在一邊，等第二天起來再看，這可怕的信也沒有那麼可怕了。如果發生在十年前，他可能會睡不著。

他56歲時，父親去世，臨終遺言一直銘記於心。「爸爸說在我閉眼前很希望你知道，當你想要放棄人生的時候，要想起三個人：一個盲人，但可以聽到鳥叫；

一個聾人，但可以看到天空；一個不能走路的人，但可以微笑。他們用自己的方式感受活著的快樂，只要相信，上天會給你力量。」

對大多數人來說，老年失去自主能力比死亡還要可怕。需要他人照顧是很多人接受不了的事實。而 Marcel 是我訪問的人當中唯一一個主動輕鬆提出，「即使到時候失去活動力時要靠別人照顧也不會感到難受。」他形容，人生的終點和起點一樣都是需要有人幫助的。想一想眼前有一把梯子，你從梯子的一側上去，剛出生時別人照顧你，餵食、穿衣、沐浴，扶著你慢慢爬上去。然後你自己一直往上攀，從幼年走向成年，按部就班讀書、成家立業、扶搖直上到了人生的頂峰。而後從梯子另外一側下來。最後幾年，

如同回到出生頭幾年一樣需要他人幫助。

「不過，我絕對不去那些老人中心，因為那是給老人的！」

◇◇◇◇◇◇◇◇◇ 一定要在人群中 ◇◇◇◇◇◇◇◇◇

Marcel 向來有一副熱心腸，十足「暖男」。有一次在西班牙度假，海灘上遇到一位黯然神傷的婆婆獨自一人發呆。他走過去與她打招呼，婆婆的眼神流露出一種期待與人交談的渴望。他說：「您年輕時候一定很美，現在我依然可以看出你的美貌。娶你為妻那個人是多麼幸運！」老婦感動得熱淚盈眶。

Marcel 朋友滿天下，時而攀高伏低，為朋友打理花園修葺屋頂，時而滿面塵灰，

幫鄰居裝修刷牆漆。他幫忘年交 Lillian 帶孩子、做家務，視 Lillian 女兒為契孫女，一見到她，甜到快溶化，真像中國阿公。Marcel 很喜歡給他人帶來歡樂，就在平安夜，他一身聖誕老人的行頭，還在肚子塞了兩個枕頭將自己填充得胖胖的，成功騙過了他的契孫女。他以前連自己的孩子都騙過呢。

他50歲離婚，幾個孩子都在遠方，與子女關係的疏離成為他心中的遺憾。獨居了很多年，孤獨襲來時，他也試過一個人哭泣。面對孤單，他會找朋友聊天，出去散步，觸摸花花草草，看書聽音樂。他說，和孩子一起玩的時候他感受到陽光，一點點的快樂就可以將他從黑暗中拉回來。

經常有人請他做兼職，在德國各地的高級酒店當管家，「每天和不同的人相識、聊天，可以服務別人，非常興奮。」在酒店、餐廳服務客人的時候，若遇到不禮貌的人，他會以加倍友善的方式回應。「難聽的話，我聽不到。就算聽到了，轉身就扔掉。微笑是免費的，付出一個微笑，卻獲得很多。」

Marcel 不介意做辛勞的工作。每年去南德做一些類似慕尼黑啤酒節的大型活動，經常給客人一杯接一杯地端啤酒，一公

升一杯的那種，馬不停蹄在人群中轉來轉去。少一分記性和身手都做不到。也在聖誕市場賣熱紅酒，從早到晚，12小時站在風中。2018年聖誕前夕，零度左右，天寒地凍，連年輕人都堅持不了幾天，一個個叫苦連天，有的半路回家歇息。但他卻一站一個多月，沒休息一天。「一旦答應了我就不會逃跑。如果太累我會出聲。人總要做點事！這樣身體無時間變老，我也從來未感覺累，這樣有幹勁，才會越來越年輕。」

他絕不是缺錢，只是不能離開人群，不想停歇。經常全世界到處旅行，即興拎起個手提包就走。有位年輕同事，大家都勸 Marcel 不要和他去旅行。Marcel 不聽，他相信自己的直覺，相信自己看人的秉性有信心。後來二人一起旅行數次，長達一個月，實踐證明這位年輕同事是個很好的旅伴。

Marcel 自幼就很有主見，只走自己喜歡的路。父親曾希望他能夠成為醫生或工程師，但他16歲時不顧父親反對去了當水手，三年間在荷蘭和美國航海五次，而後巡遊世界，在船上做調酒師、侍應。

父親五年沒有和他說話。等他再度回到德國，父親首度開口：「你終於回來了。」那晚，一家人去了餐廳吃飯，爸爸說：「我

來埋單。」此時侍應卻說，已經結過賬了。「我有能力賺錢，我想請你。」Marcel 對父親說。「其實爸爸以你為榮。」聽到這句，Marcel 流著淚和父親握手。

◇◇◇◇◇ 愛情隨時可能發生 ◇◇◇◇◇

事先說好了我來請吃飯，二人去一家高級餐廳痛快飽餐一頓。他目光輕掃四周，從細節觀察他人的生活狀態，他輕聲解讀：「你看，那對老夫妻不說話，應該已經持續很長時間；再看，這對年輕情侶已經不再信任彼此……多麼令人難過。」

埋單的時候，服務生遞給我的賬單上只有飲品錢。Marcel 眨單眼，指著空氣說：「神秘人埋單了。」我哭笑不得。「埋單給男人帶來存在感！」我感謝他的慷慨。他卻說：「假如你愛上我，恐怕你要等九個月了，因為我昨晚和一個漂亮女子在一起，我不知道已經發生了甚麼事……」說完，他狡黠一笑：「我總是這麼肆無忌憚！」

曾為美國船公司工作，Marcel 足跡遍佈世界各地，巴西、美國、泰國、新加坡、印尼、香港……在港灣登陸的短暫停留，往往都有邂逅艷遇。「很多女孩子都像蝴蝶，為了一朵花飛過來，很快又飛走了。」在眾多的旅途中，眾多的相遇中，情慾以外，他更洞察到大部份人活得並不快樂。幾年前，他旅行時與一個台灣女人擦出火花。後來才知道，那女人有男朋友，但是不滿足，還想找點更好玩的。他立即斬斷這種關係。「人總是不滿足自己擁有的，想著活在別處更好。」

年歲增長，他看女人的視角不同了。年輕時會專注臉蛋，現在更注重一個女人的自我修養，氣質言談。他堅信，年齡只是個數字。即使活到老都還能保持有魅力，還能享受愛情。「我知道愛情隨時可能發生。我感覺自己就像一塊磁鐵，會吸引欣賞我的人。」

2016年，他的愛情又來了。

在馬尼拉機場等行李卻遲遲未到，開著到臨近的找換店換零錢，23歲的找換店女老闆對他一見鍾情。二人迅速確立戀愛關係。「她比我更有錢，繼承了家族生意。約會時，她都搶著埋單。」他強調，

很多人對老夫少妻嗤之以鼻，但是他從不在意任何人的看法，「自己的生命只有對自己負責。」「她想嫁給我，但是我勸她結婚要找一個年輕男人更合適⋯⋯」女友每天對他重複碎碎唸說「我愛你」。而這三個字他不容易說出口，他只能夠以「我喜歡你」來回應。

「我的骨頭說一切很好。」Marcel 決不服老。他給我的感覺就是一個年輕的魂魄經歷了歲月的雕琢而穿上老年的軀殼。他的身心狀態年輕，行動力很強，思維敏捷，他說，不喜歡和慢條斯理的同齡人在一起。遇到東南亞熱情主動的女子，他用開放的心去對待，不作猜度。正因

體魄和精神都沒有老化，亦不介意年齡差距，他只要感覺到對方真誠，就會投入戀情。不過，他也坦白說了，80歲的愛情，確實少了激情，卻更能平靜相處。

他滔滔不絕地分享與女人的相處之道：「一定要堅持做紳士，讓對方感覺自己是lady。他略帶嘲諷地說，年輕男人心中想著盡快跳上床，往往忽略女人的感受。不少亞洲女子鍾愛成熟男人，因為她們被視為lady呵護著。Marcel說，到了這年紀不會功利地只往床上奔，更願意好好地聊天認識對方。「好的關係可以從美妙的對話開始。」可以跳跳舞，散散步，在沙灘上看星星，互相對望一下。他通常選擇在河邊，黃昏或者燈光柔和的地方。他留心觀察女人有哪些喜歡和不喜歡的事物，突然給她遞上一朵她最齊的花。「浪漫都在於細節。」當女友約會完走在回家路上，會發現口袋不知何時多了張小紙條：「謝謝你令夜晚變得美好。」這是他預早準備的小驚喜。

見他談得眉飛色舞，我直截了當問道：對於80歲的人來說，性還重要嗎？

「80歲當然還可以享受性，如果能夠讓女友快樂，為何不？當然，這與平時怎麼樣生活有關，與你身體向來是否健康有關。我的朋友在老人院工作，聽他說那

裡也有性，pheromone 幫助下就好了。但我盡量不吃藥。當你遇到對的人，一切都會順利。」

「你有過很多女友。誰是此生最愛？人們常說得不到的才是最愛，是這樣嗎？」聽到這樣的問題，他語調漸入緩和，表情也轉為深沉。片刻後講出了這個故事：他22歲那年與18的未婚妻 Michelle 甜蜜地籌備著在法國的婚禮。婚禮前，他們開著吉普車在法國小鎮的山上遊玩，不幸出了車禍，汽車意外墜山！Marcel 死裡逃生，身體燒傷了，被送往阿姆斯特丹做植皮手術，昏迷了整整三個月。醒來後社工告訴他，Michelle 在車禍發生時當場不治⋯⋯面對愛人香消玉殞，他說，那時候他也不想活了。

「Michelle 留著棕色長髮，像天使一樣，笑容真的很甜美⋯⋯她是完美的！直到現在，我一閉上眼睛還能想到她的樣子。如果當初我們結婚，我肯定她一定也還會是我此生的最愛⋯⋯」

他一直在尋找像 Michelle 一樣的女子，哪怕有一點點的相似⋯⋯他給大女兒改名叫 Michelle。

只要閉上雙眼，他隨時能夠在記憶中與此生最愛的她重逢。

老友不怕

Ageing Gracefully

老年最糟糕的情況是甚麼？

也許有一天我不能動了……不過到時會有專人到我家裡給我餵飯、洗澡、推輪椅，也不算太差。

目前你最擔憂的是甚麼？

人人低頭看手機，熟人坐在一起，互相不認識一般，冷漠正在侵襲社會。

你內心感覺幾歲？

40歲到50歲左右。說到底，年齡只是個數字。

你怕老嗎？

老不是很正常的事情嗎？為甚麼要怕？每天起床時當我看到藍天和太陽，我就覺得今天是值得慶祝的。

你怎樣看待「老」？

我從來沒想過「老」是怎麼一回事，只是一年一年過，日子一天一天過去，沒想到一眨眼年齡就超過了70歲，現在就80歲了。真好，我只活在今天，對過去毫無興趣。

你想活到幾歲？

我母親活到96歲，我父親活到98歲，我計劃活到109歲，如果可能的話。

你給年輕人的提醒是甚麼？

如果你還年輕，好好享受生活吧；如果你有心願，好好去行動吧。學過的東西、經歷都是別人無法帶走的。無人需要對你負責，你只對你自己負責，成敗都是自己的事情。犯錯了，可以從中學習，但是不要重複再錯。

「正因為我已經歷過最糟糕的事，能活下來，就一定要很快樂地生活下去。」

Age 81

Jutta
Montag

Chapter I ———— 不怕老

「人總是會變老的！
不過，有皺紋的臉看
起來更有趣，也更有
故事，不是嗎？」

Can't Keep Your Eyes Off Me, Can You?

別想打
阿婆主意

2017 年夏天在漢堡探望 Jutta Montag，見她家客廳的牆上正掛著兩年前我們在街頭聽音樂的照片。她指著照片說：「多美好的時刻，我的小友，小小友。」然後，緊緊擁抱我：「我知道我們會重聚的！」

每次見面，Jutta 總是用食物來表達關愛。有時做一個蘋果蛋糕，有時是一碟意粉，有時即興做一個雞蛋牛油果三明治，但堅持要以色調相配的碟來盛著。

◇◇◇◇ 背心超短裙　健身房常客 ◇◇◇◇

兩年沒見，79 歲的 Jutta 看起來卻愈發青春可人。她是我 2015 年在漢堡一場數百人的長者聚會中「捕獲」而來。那天，大部份人衣冠楚楚，她卻穿著一件清爽的條紋 T 恤，頭上戴著一朵嬌艷欲滴的花。當時不少長者要麼專注地吃點心，要麼就三五知己聊天，而她卻發現了我這個陌生的異國女孩，還主動對我燦爛一笑。

就是這樣一個甜笑令我們相識並成為朋友。

Jutta 是個無懼年齡的女人，時刻看起來都很喜悅的樣子。70 歲生日的時候，她曾信誓旦旦地表示「只活到 80 歲就夠了」。但很快她就後悔了，「你看，我已經 79 歲了，活得那麼好，日子越過越有滋味，眼看還有一年就 80 了，你說那該怎麼辦呀？」她的聲線甜美，說話抑揚頓挫，很吸引人。「我最近訂了一個大木桶用來泡澡，90 歐元哦！」她樂滋滋地閉上眼睛，表情像一個期待著禮物的小女孩。

夏天，Jutta 會穿背心超短裙，「我有一雙長腿。」同齡人對她的這份自信看不慣，有人曾笑她「這麼老了，還穿這麼短？」但是 Jutta 毫不在意。甚至有時街上遇到年輕人對她吹口哨，她俏皮眨眨眼，然後嚴肅又帶調侃地說：「小伙子們，我79歲了，別想打阿婆主意啊！」就算獨自在家，她也塗鮮艷的唇膏，有時候一天換幾套不同的衣服，首飾、帽子、圍巾和鞋都搭配一番。「我盡最大努力保持美麗。」

「人總是會變老的！不過，有皺紋的臉看起來更有趣，也更有故事，不是嗎？」她摸了摸自己的臉，望著鏡子左右臉各照一下，然後滿意地笑了。她平時不用護膚品，但皮膚細膩光滑，皺紋不多：「定期用蜜糖滋潤一下嘴唇，用冰袋敷一下巴，可以緊緻和收縮毛孔，預防皺紋和雙下巴！這些都是免費的！」她拿出冰袋來示範。

每天早晨六點起來，Jutta 必先準備一餐豐盛的早餐，「紅酒是我的良藥。」每天必喝兩杯。為了補鈣，她本來想喝牛奶，卻以豆漿取替，而豆漿比牛奶貴一倍，「電視上看到擠牛奶的畫面太殘忍了！」吃完早餐，她就玩一陣報紙上的填字遊戲，「如果做得暢順，這一天的運氣也會很好。」

「年老了，很多人會抱怨這裡痛那裡痛，『安裝』這個部位，『修理』那個器官，我知道若想過自己想要的生活，第一要訣是身體健康。」老不要緊，老而弱是她最不想接受的，故她十分注重身體的健康

管理，甚至強壯過不少年輕人。當我穿著厚外套在風中顫抖，她卻仍保持一件短袖單衣！我倆一起走入地鐵站，她快步踩著樓梯，見我緩緩站上扶手電梯，她笑得前俯後仰。「走路這麼美好，年輕人走得動，還要搭電梯?!」

Jutta 是在65歲之後開始去健身房，每週騎單車去運動兩三次，用各種健身器械鍛煉。看到身邊很多人恐懼著認知障礙症，她也很警惕，但不願「坐以待斃」，「我會突然忘記一些音樂節奏，忘記一些人的名字，過一陣記憶才又回來。」她主動去找醫生做測試，結果發現相安無事，甚至十分活躍。「醫生說我很健康很有活力，看起來很年輕，可以活到100歲！」不過，她還是打算防患於未然，每個月做兩次記憶訓練，「這很有趣，激勵我深

入思考、勤動腦筋。」一同做訓練的小組成員最年輕70歲，年紀最大的92歲。如果天氣好，大夥兒還會去徒步兩次，每次走七到十公里。此外，Jutta一星期兩、三次照看鄰居小狗，她很享受遛狗時的運動。「我不能閒下來，一個人待久了會忘事。」

∽∽∽∽∽∽ 我的聖誕樹在窗簾上 ∽∽∽∽∽∽

Jutta屬於低收入長者，養老保險金不高，可以申請慈善基金的長者屋。30平方米大，每個月只需300歐元租金（市價大概要800歐元）。許多為低收入長者而設的長者屋由慈善基金會營運，租金是市價大概一半。願意分享資源的富有階層參與其中，令獨居長者有更多優質居住的選擇。在人口一萬的St.Georg區就有數個長者社區。

Jutta很善於給自己「維權」。之前發現自己的房屋福利津貼比別人少，立即寫信給社會福利部門查詢，當局承認「搞錯了」，於是她每個月增加了30歐元津貼。數年前，她做了人工髖關節置換手術，剛出院那段日子行動不便，做不了家務，她找來政府津貼請人幫忙做清潔，原本每小時28歐元，低收入長者只要付2.8歐元。打個電話，就有人免費陪同買菜，政府匹配了失業人士來服務有需要長者。

Jutta和漢堡近半數長者一樣獨自生活，雖然並不富有卻又不失優雅。她的文藝生活精采紛呈，日程簿滿是各種有趣的安排：每個月收到慈善機構寄來新的節目單，免費看城中最新電影、最熱門話

劇、音樂劇……兩年來看過的演出門票堆成厚厚一大疊。她的家是個小畫廊。大大小小40幅畫，水彩、油畫、素描、版畫，還有非洲石雕。樣樣井然有序，小小空間卻無凌亂感。近年，她舉辦展覽將個別藝術品賣出，剩餘的慢慢做好檔案，留待百年歸老後作為禮物送給博物館。

有時她在跳蚤市場賣舊衣物來個「斷捨離」又換點小錢。客廳放不下一棵聖誕樹，心思靈活的她買來一幅有聖誕樹圖案的窗簾，只要往窗簾上釘上小裝飾，同樣烘托出節日氣氛。床頭放著幾隻小狗毛公仔，每晚伴她入睡。不過其實她睡得非常少，反而抽煙多，每天只睡三、四個小時，卻那麼有精神。

一個人生活，她習慣了行事謹慎。收音機從早開到晚，即使無人也時刻都在播放。在家時驅趕寂寞，不在家時，如果來了一個小偷，會以為有人在家呢。而每次關電腦前，她會斷開網絡連接，防止黑客入侵。

當你對世界釋出善意

有一天，她激動地告訴我，為我找到一間服裝店。「那裡的衣服都很小件，尺寸都是 xs。多麼可愛！非常適合你，小件的衣服太難找了，我們要好好血拼一場！」逛街的時候，即使打折的衣服 Jutta 也要思前想後，放入購物籃，又拿出來，精減再精減。然而，每當在街頭見到年輕人表演時，她總是毫不猶豫一下子掏出 20 歐元。「我熱愛音樂，也欣賞年輕人的熱情，要盡力支持他們。」市內有一家食物銀行為基層供應蔬果，只要付三歐元就可以帶一大袋東西回家。Jutta 每週去做義工，愛美如她，洗蔬菜時漂亮的指甲都沾滿了泥。

Jutta 騎單車外出時，在街上遇見一個陌生人主動搭訕，說是要搭車去找朋友。攀談一陣，她爽快地給了他十歐元。「其實我知道未必是真的，但我做自己能做的事。只要有能力，就一定幫。」還有一次，在地鐵遇到問路的敘利亞家庭第一次走出難民營想了解漢堡模樣，Jutta 主動帶他們到港口看大船。

去健身房的路上，她神秘兮兮地對我說：「我帶你去看看我的樹。」大概八、九年前，Jutta 發現了一棵在狹縫中求存的樹苗弱得好像活不下去，她每天經過時都會溫柔地摸一摸樹幹，「你好！願你快快長大。」想不到後來小樹勢如破竹，竟然越來越壯，如今快長成參天大樹了。

轉化苦難的力量

Jutta 結過兩次婚，與第一任丈夫育有一子，但在年輕時候就分開。49歲再婚，丈夫比她年輕23歲，是一位非洲裔工程師。她身體向來強健，甚至52歲時，醫生說她還可以生孩子。「當時忙著畫廊生意，無暇考慮。」當初打一相遇，她就知道丈夫遲早會回去建設國家，總有分開的一天。每年依依惜別，婚姻維持了18年，丈夫不得不離開德國了，「我也無法去非洲養老。」於是他們和平離了婚，互相祝福。至今兩個人還是朋友，久不久通一次電話。

在 Jutta 的家中，她翻開舊相簿，記憶如積木般被逐層搭建起來。她出身富裕家庭，家有大莊園，那裡天氣暖和，媽媽在田野工作，她在沙裡玩耍。路上她採著香草和野花來吃。戰爭摧毀了一切。在第二次世界大戰中，德國平民百姓飽受戰火蹂躪。「媽媽是那樣美麗，可惜她30多歲就去世了。如果她在，我的人生也許會不一樣。」70多年前，六歲的 Jutta 就在戰火中緊緊將這一本家庭相簿抱在懷裡。

1947年，Jutta 爸爸給外公外婆寫了一封信，講述一家人在戰爭中的遭遇。這封信被鎖在保險櫃裡整整40年。直到 Jutta 50歲的時候打開保險櫃翻出了一封變黃的舊信件，讀了一次又一次。「我不敢相信是我的經歷，好像寫的是別人。我哭了一次又一次……」剛開始她無法相信故事中講述的孩子就是她，慢慢讀著父親的敘憶，支離破碎的戰爭畫面漸漸

被拼湊起來，童年的傷痛記憶被喚醒了。

「極度恐怖！我們像牲口一樣被塞入車廂！四周完全黑暗，沒東西吃，我們又餓又冷……」當前蘇聯軍隊來到 Jutta 的莊村，六歲的 Jutta 和孩子們一起躲入地窖。聽到婦女被強暴、村民被追殺慘烈的呼救聲……三天後，甚麼聲音都沒了，他們才從地窖鑽出來，料想不到其實蘇軍卻未離開！Jutta 與媽媽一同被俘虜，裝入火車的運貨車廂送往前蘇的集中營。「周圍有高高鐵絲網，各角落有射擊塔。」她記起這樣的景象。媽媽擅長吹口琴，能歌善舞，要晝夜不停為軍隊表演，因此 Jutta 才被獲准待在媽媽身邊。然

而，被關入集中營不久，媽媽就病死了……

戰後，Jutta 和許多兒童一樣被送回德國的孤兒院，與此同時，失散了一年的爸爸正四處找她。那時孤兒院每天兩點鐘就會播放一些尋親啟事。厚厚的一疊資料，一張一張唸下去，起碼要兩年才能唸完。幸運的是，某天院長突然翻到 Jutta 的照片，從中抽出來，廣播為她尋親。「命運很眷顧我，爸爸正好聽到了我的消息！」1947 年，Jutta 終於在柏林遇見父親，父女團聚後一起到北德古城呂納堡生活。

單看外表，難以想像她有過如此經歷。50歲時突然挖出一個深埋的創傷，Jutta沒有跌入負面情緒的深淵。兒子曾問她：「媽媽，你的童年經歷過這麼多的苦難，為甚麼現在卻還可以生活得那麼快樂？」她篤信地說：「正因為我已經歷過最糟糕的事，能活下來，就一定要很快樂地生活下去。」

◇◇◇◇◇◇◇◇ **值得為人生喝一杯** ◇◇◇◇◇◇◇◇

2018年秋天，80歲的Jutta中獎，贏來一趟郵輪之旅，遊覽荷蘭、比利時和英國。旅程中每天六點鐘把第一杯咖啡端到甲板上，望著港口的繁忙。所見所聞充滿了感恩——船上的美味佳肴，服務生的專注，晴朗的天氣駕著小船穿過運河、觀看歷史建築等，一切都讓她讚不絕口，不過，一個星期的旅程結束之後，她感到精疲力盡。於是又加強了鍛煉，吃完早餐就去健身房，否則擔心會長胖而影響健康。一邊養生，一邊盡情玩，Jutta兩不誤。

我在德國泡吧大部份是Jutta帶去的。有時候登上舊消防船的酒吧去聽樂隊表演，有時候只是靜靜喝著啤酒聊天。

接近零點，迎著寒風的Jutta心情澎湃，她帶著我體驗市中心最酷的酒吧Turmbar。

這是一座戰爭留下來的碉堡，沿著圓塔內螺旋式坡道一圈一圈往上走，盡頭一直沒有如預期出現，也不知道前方會有甚麼。彷彿進入一條神秘的時光隧道，「以前牆壁上掛滿了畫，延綿在這牆壁上一層又一層。而我每天在這裡工作十幾個小時，那麼多好作品，各地慕名而來的客人……」故地重遊，Jutta 陶醉在美好回憶中。她在此開畫廊近十年，取名為「蝸牛」。1980 年代，她是著名的藝術品商人，也是藝術圈的星探，總是發掘新藝術家，為籍籍無名的新人舉辦畫展和賣畫。她首創在公園舉辦露天畫展，謝天謝地，連續三個星期晴天，數萬人參觀。

後來，她在船運公司做行政工作，65 歲離開工作崗位。實際上退而不休，一直做奢侈服裝品牌的兼職銷售員，直到74歲才完全不工作。同年，陪伴她十多年的狗死了，心痛不已。「此後，你不再為任何人而活，可以完全決定自己的生活，可以享受這份自由自在。」

終於來到塔頂，夢幻的燈光，與迷離的輕搖滾樂，提醒我們進入酒吧。帥氣的調酒師為 Jutta 調了一杯雞尾酒，我則要了一杯「Alsterwasser」（即阿爾斯特水，啤酒摻檸檬蘇打，南德叫「Radler」）。

聊著聊著，Jutta 談起一件傷心事，一位

移民去南非的死黨離世了。「我們相識60
年了，感情很好。最近無聲無息，前幾
天找有一種預感她快要走了……」她舉起
啤酒說：「來吧！我們為她喝一杯。」

Jutta 坦然談「死」，沒有恐懼。「反正
這是一件人人平等的事。」但她最大的
害怕是失去自主獨立的能力。「若是不
能動了，沒有了生活，活著有甚麼意思
呢？」她計劃向殯葬公司提前買好身後事
的「套餐」，「這樣兒子不必為我操心。
如果有錢剩的話，兒子還可以和朋友們
去吃餐好的，為我的人生盡情喝一杯！」
她考慮到葬在墓園每年要請人打理又是
一筆花費，於是決定火化後將骨灰埋在

一塊小石頭下。「到時候寫上一句『Jutta
Montag 在此長眠』。如此一來，兒子想
和我說說話，就可以到那裡找到我。」

又一個夜晚，我們在城中心小公園散
步。夜色中依稀見到幾隻兔子蹦跳的身
影。「你看，如果是我的狗在，牠一定
很紳士安靜地看，而不去傷害這些小伙
伴。」她抬頭望了望夜空，篤定地說：
「我的爸爸、媽媽，還有我的狗都在望著
我，每次有危險有困難，總是有力量守
護著我。我是知道的。」

老友不怕

退休生活是怎麼樣的？

我不需要過渡期，非常充實，從不知道甚麼叫「無聊」。例如65歲時收留了一隻狗叫 Paulchen（小保羅）。它是我的好朋友。我每個月都被邀請參加 party，每天都要精心打扮一番。另外，我年輕時打了30年的曲棍球，又騎馬，但隨著年紀越大，這類運動容易受傷。65歲之後，我開始定期去健身房。

這個年紀甚麼令你快樂？

首先，你必須保持健康，我每週去做兩次健身。再來是充實的生活，我的日程簿滿是有趣的安排，去看音樂會、戲劇和歌劇；每週帶鄰居的小狗去散步三次；我喜歡煮食，經常邀請客人到我的陽台一起享用。我從不孤單，和新鄰居互相關心著；走在路上也一次又一次地遇到好人，和他們有一些有趣的對話；我周圍也有很好的年輕朋友，我也把自己當成年輕人！我們一起去遠足，然後一起吃飯，在漫遊的同時談論上帝和世界。但我也喜歡獨處，做白日夢。

甚麼事會令你擔憂？

最擔憂的無非是身體出毛病，很高興擁有這樣的生活，希望就這樣過風平浪靜的生活多幾年，目前沒有疾病。

你內心感覺幾歲？

我感覺自己50歲左右。

你怕老嗎？

我不怕老，因為人真的會老啊。我們要接受這過程，反正無法一直死死抱住青春不變。對藝術家來說，有皺紋更有趣，老了更好看。又或者是演員，老了看起來更有意思，更有故事。但是如果老到

不能自理就是最可怕的,我死都不想去
老人院,無法容忍要別人照顧、餵飯。
到時候,我喝口香檳吃幾片藥,自行了
斷就好。老而弱,是最不想經歷的。人
最重要是一種自主獨立的尊嚴。

你怎樣看待「老」?
我還是我,熱愛生活,保持對一切事物感
興趣。我鼓勵自己:永遠不要開始停下
來,也不要停止開始新事物。我沒有在顧
慮年齡這回事,只是感激和謙卑地對待一
切,繼續欣賞和享受生活。

如果可以時光倒流,想回到哪個年紀再
經歷一次?
不想回到過去,路已經走過來了,任何
階段都很好。感覺棒極了!而當下,現
在這個時刻是最好的。

「直到你老了，退休了，你才有機會看到生活真正的意義：一種超越權力、速度和效率範疇的存在，一種超越功利、營銷和消費主義的存在。」

Age 69

Werner Radtke

「我彷彿打開了一扇新的門。而這扇門的鎖匙只有這個階段才會出現。」

Ageing Means Growth,
Redefining the Rhythm
of Life

重新定義
人生的節奏

走入巴登—符騰堡州的圖賓根古城（Tubingen），猶如走入了畫中。沿著內卡河岸的樹林散步，兩旁16世紀的德國建築如畫軸緩緩展開，河面倒影如詩，河畔一排彩色的古屋靜立在樹的身後，「猶如花兒點綴著林木」。夕陽落入水面的光點，一如黑夜星辰。倘若回到1790年，當年輕的荷爾德林、黑格爾和謝林在神學院成為同窗兼室友，他們在河邊漫步，所見景致也大致如此。

隱逸在一片青翠的垂柳之中，鵝黃色塔樓正是德國浪漫派詩人荷爾德林住了30多年的故居。詩人精神失常的餘生就在這裡度過，完成著名的「塔樓之詩」。他死後幾乎被遺忘了近100年，直到20世紀中葉，才在德國被重新發現。

偶爾有撐船人駕一葉小舟滑過，水面上交織出律動的波紋，留下了詩句：
「花園的寬闊飾以新的色彩，
人驚嘆，他的辛勞終獲成果，
他所勤儉創造的，
他所完滿製造的，
已逝歲月在燦爛中與之相伴。」

——荷爾德林《夏之一》

◇◇◇◇◇◇◇◇ **打開了一扇新的門** ◇◇◇◇◇◇◇◇

「荷爾德林的作品依然像是一個謎題，如一本未翻開的書。他的文學、哲學超越時代，從18世紀直到今天仍有許多課題值得探求……」Werner Radtke 的嗓音是低沉渾厚的男中音，磁性感人。作為圖賓根市檔案局的義工攝影師，收集了過

萬張城市檔案照片。

2015年與他相識，65歲，還是一位「初老」，剛剛退休八個月。關於老年，他形容自己第一個草圖方才起稿，對日後的體驗心馳神往。「我彷彿打開了一扇新的門。而這扇門的鎖匙只有這個階段才會出現。」他帶著我在古城散步，每走一步都發現秘密。

時間被藏在狹窄古老的石路小巷裡未曾走過，中世紀還在這裡。

一個木樑上的標記，「Floßauge」字面意思是漂浮眼，代表撐筏者將木材從黑森林經卡耐河運到圖賓根的蹤跡。「德國政府是相當古老的，你可以追溯這塊木頭是從哪裡來的：當地歷史檔案記錄了這些樹木在哪裡生長，在哪裡被砍伐，因此你可以發掘到這根樑的起源是1530年代的黑森林村莊。」

雖然與行色匆匆的遊客擦肩而過，但我領略到的卻是「秘境」。Werner 自豪地說：「所有的遊客和大部份圖賓根居民都不知道這些珍貴的細節。而正是細節，打開了一個被遺忘的世界之門。」

「退休後，生活節奏開始真正由自己掌控。慢速，會看到不一樣的視角。」即使在自己最熟悉的老城也能發現新的驚喜：兩棟建築之間不起眼的狹小通道上，原來有一個從中世紀保留至今的門框；另一處曾捐贈面包給窮人的社會組織老樓，牆上雕刻的符號，原來有800年歷史！

微光早已落入山下，一片片芒草在眼前勾勒著晚風的輪廓。「看，今夜我特意邀請了明月！月光亮得可以看報紙了。」Werner 好像時刻都那麼意氣風發。一輪圓月漸漸升起來了，灑下一層寧靜的銀霧。

在圖賓根生活了 34 年，他原本住在老城中心，屋子是 1620 年建造，上一次翻新是 1789 年，法國大革命那年。隨著大學城吸引越來越多學生和遊客，他日漸為噪音所困。屋子空間構造是狹長的，幾面牆的特殊布局構成了環迴立體聲般的回音效果，若街上有醉酒吵鬧聲、剎車聲、孩子哭啼聲，一切不可控制的吵雜聲都會繞樑三「次」。「心臟受不了，夜裡睡不好。」

2011 年，他搬離古城住到 Haydnweg 的

公寓，新家有電梯，要為日後作打算。以往，搭電梯這件事發生在他身上是難以想像的，他曾是個高體能的運動員，騎車、跑步、游泳等不在話下，當然還有：跳。他身輕如燕隨時躍過柵欄、長椅、灌木等各種路上的「障礙物」，過了55歲才不再跳躍。

◇◇◇◇◇◇ 慢下來療癒職場之傷 ◇◇◇◇◇◇

到訪他的書屋，儼然小圖書館，嚴謹得令人嘆為觀止：3,078本書，全部按字母順序排列。「如果再嚴格一些，有時間的話我應該要按不同的字體來排列……」他打趣地說：「許多人大概覺得人老了會變得古怪，我也想過自己以後逛書店會不會盯著人家是不是排列得有秩序？」

Werner 當過水手、園丁、教師，退休前20年都是刊物校對。越到後期，工作已越來越無癮。「人們不再追求高品質與細節的精準，他們甚至不知道『字型』是具有傳統淵源的工藝，只是視為傳播訊息的輔助技術。」工作對傳統技藝的重視不復存在，令他有種英雄無用武之地的孤寂感。

我問他，退休就沒有了職業身份，會不會感覺失去了甚麼，「不會，我仍然是一個萊茵河下游地區的知識分子，只不過居住在士瓦本（Swabia）而已。我曾是圖賓根市的檔案攝影師，也是馬拉松跑者。退休前的職業對我來說只是一份工作，失去了也不會牽動太多。而今天我將自己定義為一個民間學者。」他的語氣堅定。

他一邊探索考察，一邊用相機在森林裡與光追逐玩耍……

「主流社會太崇尚專業性，職場的狹隘，往往捆綁扼殺了一個人作為個體的全面發展，而人生中最遺憾的事情，莫過於未能充分發揮自己的潛能。」退休後，他終於將潛能發揮得淋漓盡致：「我是專業的業餘愛好者！現在可以盡情地享受長跑、德國文學、語言研究、哲學、音樂、行山……我每天感到振奮，簡直無法安靜下來……」紅光滿面的他，流露出激情澎湃的神情。他亦是縮微膠卷專家，還擅長書法，老來細看兒時畫作，重新發現被扼殺的繪畫天賦，再度拿起了畫筆重拾一份久違的樂趣。

「我已經從那種由老板、客戶和市場為主導的職業生涯中解脫，目前徹底享受這份自主。」退休才八個月，他錄歌300首，聽過他的歌聲，會忍不住勸他出唱片。

手抄的歌冊，堅持用18世紀經典歐洲手寫風格。

退休後跑了幾次馬拉松，找到一條去黑森林的新路徑，收集當地教堂和紀念碑檔案，還將數千張家庭照片和幻燈片數字化……每一個尋常的日子，他六點起床，開車送伴侶上班後，就到森林散步或者慢跑約十幾公里，然後回到書屋練習吉他、自彈自唱。

「長期以來，我們的速度是錯誤的，太快了！只是匆忙而膚淺地與人打交道、機械般地做事。當我嘗試一切慢下來，日漸療癒了職業生涯所受到的傷害——在忙碌的職場中，我們往往沒有時間消化那些傷害。」

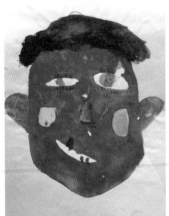

老來細看兒時畫作，重新發現被扼殺的繪畫天賦。

在斯圖加特和圖賓根之間的森林，他走入那片深深的蔥鬱中，時而徒步，時而騎車，逐漸將歷史的碎片拼合起來：這一帶56個村莊經過幾個世紀的伐木，這片森林幾乎成了荒地。18世紀德國林業科學開始發展，護林人員努力教育人們在伐木同時也要造林，留下青山給後代。當時發生過激烈的社會衝突，紀念碑石訴說了護林人員被殺害的悲劇……

他一邊探索考察，一邊用相機在森林裡與光追逐玩耍……退休後對自己生活了這麼久的地方充滿好奇，想要好好探索。

◇◇◇◇◇ 用一種恰如其分的速度 ◇◇◇◇◇

老年跑馬拉松時，速度並不重要了，更重要的是關於運動的思考。每週圍繞附近村落操練32公里，跑步途中有偶遇知音人，彼此都忘記了在跑步。關於速度，他在退休前一、兩年便開始思考。「『減速』可能是健康的關鍵詞。」他有意識地讓一切事情都慢下來。慢慢地吃飯、閱讀、開車、拍照……他變得更加專注，做任何事都用一種恰如其分的速度。這樣慢下來並非受到身體的局限，而是保持覺察。「當開車慢了，我可以更投入地唱著歌開車。」

退休前每日工作開車來回80公里。他數過，每個月有超過30個小時在車上，「幾乎等於住在車裡了。」周而復始的車程中，聽完了中世紀到20世紀的歐洲古典音樂，舒伯特、莫扎特、巴赫、貝多芬、舒曼……「幸好一路上有音樂，一路放鬆，可以帶著一份好心情回到家見我的Barbara」。

相比起年輕時候，現在的關係變得更加簡單。他享受和 Barbara 一起的那份安靜平和，悠然地清談，不需要結論，不與對錯掛鈎，就像即興的音樂一樣輕快。「我們和其他老夫婦不同，在一起 18 年，以關係來說算是很青蔥的。當許多老夫老妻不再交談了，我們還是熱情地拍拍對方，大笑、談天說地。」伴侶 Barbara 是當地的長者事務與社會融合專員，年屆退休，Werner 形容，幽默感是一段好關係的要素。她幽默、智慧、能量無窮，長期幫助難民、弱勢長者、兒童和殘疾人士，充滿人道主義關懷。1950 年出生的 Werner 深受 1968 學生運動影響，他們的骨子裡是反建制、反權威的，婚姻不重要，但是伴侶重要。

「年老，不代表生命停止成長。身體衰老，但生命可以繼續思悟成長。」他深信，青春是一種內心的品質，與歲數無關，人生的任何階段都可以擁抱青春。

摒棄不必要的活動

2016 年 Werner 到香港旅行，幾乎是用「腳」來感受香港，他背雙肩包，自備水壺，每天走兩、三萬步，我帶他去郊野踩單車，看梅窩的牛、在碼頭席地而坐喝啤酒，又去南生圍看濕地和上水古村，他對新玩意兒好奇，與年輕朋友們無所

不談。2017 年夏日，我重遊圖賓根，與 Werner 坐在咖啡館，聽他回顧兩年以來的新發現。

「先來一杯『尼古丁咖啡』再說！」戒煙 20 年，他再拿「尼古丁」這個老朋友開玩笑，侍應笑得合不攏嘴。他點了一杯 Cappuccino，打趣道：「再來一杯『無酒精咖啡』也無妨。」他俏皮地眨了一下單眼。

那陣子，他剛剛完成了父親攝影集的數字化工程，幻燈片和紙張副本約 5,000 張。而他自己拍的超過 50,000 張照片仍有待處理。唱歌和彈吉他的時間越來越多，「很遺憾地注意到手指靈敏度降低了。」他說，現在做決定沒有年輕時候那麼快，但是經過深思熟慮之後，比年輕時更加懂得珍惜自己的決定。無論是讀一本書，還是看一部電影，對顏色、味道、聲音、乃至空氣的純淨度都有了更加深刻的體會。「『在路上』的感覺十分重要。」每天大約十個小時在書屋，包括森林漫步，或者一點點「照片狩獵」。相機總是陪伴著他，同一個景色不同光線下再拍一張。「我知道這是有點愚蠢的完美主義。不過，這就是告別資本主義生存方式的偉大時刻：你可以毫不功利地、頑皮地不去計較時間和成本。」

這兩年他新增了 200 多本書。「有太多的書想看，以前覺得這是非看不可的，因為你是受過教育的人，必須要知道這些知識。現在只會看自己真正感興趣的書。」他像一個接近考試的學生一樣地閱讀，求知若渴，享受德國和歐洲古典文學和哲學，鑽進歷史、語言和哲學的細

節中。他研究八冊關於羅馬中世紀歷史的書籍，2,662頁！一邊閱讀，一邊練習將某些學術翻譯成中文、荷蘭文、拉丁文，當所有這些練習都沒有截止日期，感覺多麼愜意。

有一天，Werner很震驚自己竟忘記了24歲所學過的哲學、歷史知識。翻開年輕時看過的舊書，自己曾經做的筆記和畫圖痕跡，竟都沒有了印象！

於是，他的生活開始做減法：將興趣精簡，聚焦在真正重要的事物上；只有一小部份相識很久的朋友才有來往，「總的來說，我對所有會令人分心的事情都失去了興趣，摒棄了所有二流活動，諸如看電視、過量運動、刷屏式閱讀、大眾聚會……但他從來不吝嗇花時間給朋友，每次我討教一個問題，他往往回以一封長信給出完備而精準的解答。

◇◇◇◇◇ 心臟說：還是太快了 ◇◇◇◇◇

「相比起兩年前，我感覺自己老了很多。」這句話出自他的口，我略感驚訝。兩年前他形容老年剛剛起草，67歲正式下筆了嗎？「首先體重輕了四公斤。盡管輕了，但身體的感覺卻笨重了。」他笑著說。他依舊避開大部份的電梯而堅持走樓梯，卻沒有以前那麼輕快。有的牙齒

需要告別，換上新的；身上有時候這裡痛那裡酸，靜脈曲張也找上門。

「是失去了一些力氣令人沮喪。以往搬重物理所當然，現在我不會再請纓幫人搬鋼琴了！我的心臟說：『太快了，你還是太快了。』我的身體強化了我的精神去進一步放慢速度：還要再慢一些！」2016年做了一次小型心臟手術，重整了生活節奏，推遲一些重要的工作和計劃，他不得不接受一個事實——充沛的精力並不是永恆的。「但接受這個事實是很困難的一件事。而這一點，是年輕人無法理解的。他們只知道字面意思，卻無法真正體會。發覺自己的精力不如從前是一種難堪的經驗，但是我的人生早就為此做好準備。以一個前運動員而言，我很熟悉力量遞減並消失的感覺。」他清晰記得30多歲時

跑步超越一些年長跑者，剛開始成為跑者時他仍然抽著煙。

從17歲到47歲，整整抽煙30年，每日20至40枝！後來，煙被跑步取代了，幾個月就成為馬拉松跑手。「不斷提升技巧、速度和耐力的同時，也不得不面對，我會變老。40多歲開始跑馬拉松已太晚，我設想過若早點開始並且不吸煙的話，可能我會表現更佳？一方面，我身體越來越結實，但另一方面我也明白，要成為『真正的冠軍』為時已晚。」

Werner 形容「體能減弱是一項很好的訓練」：年復一年，我們逐漸變弱，但這使我們能夠更多地珍惜現在的狀態。只是，當第一次察覺到：噢，我不能夠再這樣做了，或者我不能再輕鬆做到了，

這種時刻確實會嚇一跳。

但他卻看到在失落背後亦考驗著一個人如何領略到身體的智慧：哪種活動，哪種動作最適合我的體質？嘗試看看自己的極限在哪裡。「不要逾越界線，否則你會受傷。我會十分小心保護自己。」令他引以為傲的是40多年的運動生涯只有過一次小意外：高中時一次跳遠，落地那刻右腳插在左手上，而腳上正穿著釘子鞋！

◇◇◇◇◇◇◇◇◇ 沒有車的生活 ◇◇◇◇◇◇◇◇◇

Werner 終生都在對各種社會主流價值「說不」。退休後更理直氣壯跳出了資本主義的消費圈套。作為一名前汽車刊物記者，他卻將車賣了！就算有豐厚的退休金，他也未去買那輛「夢想汽車」。「沒有其他經驗比無車這件事更深刻而孤立！」他繪聲繪色地說，在這個以汽車為榮的戴姆勒（奔馳的母公司）國度，人們看你沒有車定會搖頭嘆氣：「是甚麼讓他這樣？居然沒車？」他幾乎每天都是路上唯一的行人。

「我感覺很好，有時甚至感到自豪。步行，讓你慢下來，讓你精神集中，讓你記得很多事情。」他漫遊小城，隨時停一停，開啟手機上的筆記功能記下想法，而這些是他從前開車時無法做到的事。與一般人的理解不同，他認為步行反而節約時間——沒有因交通燈、塞車、修路障礙而耗時。「步行，不僅是為了保持健康，還為了拒絕繼續錯誤的速度、錯誤的目標、拒絕病態的生活方式——被困在應有盡有的封閉式購物中心。」

當他看到健身中心的年輕人排隊搭電梯上一層樓，他搖了搖頭：「許多人過著非常不自然的生活卻視為正常，我們濫用技術已經到了甚麼地步？」電梯抵達一樓，年輕人邊看手機邊走出電梯門，走樓梯的他反而捷足先登了。

◇◇◇◇◇◇ 老男孩徒步的理由 ◇◇◇◇◇◇

一個人在森林徒步是你和風景之間的約會，一路邂逅美景，一路偶遇故事。有次，Werner 徒步 25 公里到達黑森林南部第二高山 Belchen 山腳下的旅店「Jägerstüble」，不料客滿了。旅店老闆看著風塵僕僕的 Werner，熱心為他打了幾通電話都找不到空房。「所有遊客都驅車而來，而你作為徒步者卻無一處可落腳！這是不允許發生的。」仗義的老闆忽然想起鄰近的 Schwarzwaldverein（黑森林遠足俱樂部）有一個小屋：「走 800 米，有一間老農舍，應該會找到一張床。」

咬緊牙關的 Werner 背上沉甸甸的背包出發了。「說實話，其實是拖著腳挪向農場，這 800 米對我來說似乎是 8,000

米！」他抵達時見一位農夫笑臉迎人打開門，把鎖匙遞給他，還留下一句：「淋浴只能使用20分硬幣。」因此，Werner 將身上所有的硬幣都換成20分。

他拖著灌了鉛的腳步找到了那個似近而遠的寄宿點——破舊的木屋。內裡空無一人。「我不僅僅找到一張床，是30張！」他選了二樓的一張床，就在農舍中間的屋頂下。「30張床都是我的！」

洗澡的時候，他才驚覺淋浴只能用10分硬幣！而他身上只有20分硬幣！最後，不得不以刺骨的冰水沖洗。夜裡，他一覺醒來，驚聞屋頂上傳來腳步聲——他睡在小屋的最高點，離屋頂很近。「是一隻動物，估計它從臨近的樹上跳過來正好在屋頂中間著陸，離我的頭只有30厘米，最後就像運動員助跑般起跳，一下子跳回不遠處的樹上了。我花了很長時間才恢復平靜找回睡意。它一定是貓，貂或肥肥的鼠。誰叫我選擇睡在這個最高點呢？傻瓜！」

「然而，這就是老男孩需要徒步旅行的原因！」

2019年晚春，Werner 與闊別50年的中學同學聚會，五位一起在寒冬泡冰水的昔日少年，重遇已是兩鬢如霜。歲月在各

人臉上刻下深淺不一的痕跡，但一見面，互相認得。他們共度週末，經過一番哲學對談後，大家一致認為，「經歷過不一樣的成就之後，勝利不算精采，動人的是失敗！」Werner 深有感觸。

◇◇◇◇◇◇◇◇◇ **繼續詩意的棲居** ◇◇◇◇◇◇◇◇◇

自從2016年那次心臟小手術之後，Werner 不再跑步了，改為步行。就在手術後的300天內，他走了2,000公里，拍了數以千計的照片。他堅持每天走一個半小時，風雨也阻不了。日子就這樣穿越山嶺和河谷之間。

退休至今四年，69歲的 Werner 跑步與行走，足跡12,000公里。

他時常帶著素描本在老城、河邊寫生，或走到荷爾德林黃色小塔附近坐著，傾聽寂靜。也常常去看詩人的墳墓，或許，在那裡讀一首詩，也是一種「詩意的棲居」？

「眺望彷彿鼓勵
收穫令人歡悅
隨時日而更新
謹慎為善
感謝那永不衰老者」
——荷爾德林 《眺望》

老友不怕

這個年紀甚麼令你快樂？

攝影、彈吉他、錄歌、行山、閱讀都是我的樂趣。這需要持之以恆的耐心、專注力，這些我以前所沒有的。現在做事情比我年輕時更樂在其中，因為我只需要滿足自己定義的水準（通常比過去所謂的專業人士還要高）。以前總會追求某種效果、結論，精確度，這些束縛都漸漸地鬆綁了。

我更懂得自己的速度和韻律，例如閱讀變得很純粹，不用再為一個不解風情的鬧鐘一早叫你起床而在夜晚團團吞棗。我不會試圖對抗一些無法戰勝的阻力！能夠允許自己不完美，隨之而來的是對他人的要求也降低了。以往太注重精確度、細節、批判，工作的訓練造就了一雙嚴苛的眼睛，強調精確無誤。現在即使面對錯誤，也不再會拿起紅筆去訂正，就讓錯誤成為錯誤吧。

年輕時候想過自己會變老嗎？

未來不是我個人特別關心的課題，未來對我來說非常抽象的，就像遙遠的退休金——常被我們嘲笑。未來對我來說是下個星期、下個學期、下個聖誕節。

你內心感覺幾歲？

大概55到75之間，時有變化，視乎身體健康狀況而定。有些人20歲已老了，有些人89歲開始激動人心的經歷，爬山、學外語、第三次結婚。青春，是一種內在品質，與數字無關，人生的每一個階段都能找到它。

你怕老嗎？

我不怕，老是一種成長，只有懦夫才不想長大。

你怎樣看待「老」？

年老的精力不及早前，但這並非一種「不

足」，只是一種「不同」。日漸年老，對我來說經常伴隨著「得」，而不是「失」。年老也是成長，更有定力、專注、心平氣和，望到更廣闊、更遠的生命。人們錯誤地定義了力氣和力量，甚至以「青春」為整個生命的尺度。例如跑步，如果你把結果、速度、成就、效率等定義為最重要的尺度，那麼老年人處於「劣勢」。但我拒絕這樣被標籤，老人不只是長了歲數的年輕人。

年事漸長，意味著要改變參照系數，不再是「奧運式」追求規模——「更快、更高、更強」；摒棄那些所謂「現代化」——追逐「最新」、「最大」、「最好」……其實我們的生活方式是錯誤的。歐洲人浪費資源、對孩子的未來不感興趣；一些中國年輕人也令我失望：盲目消費、每天25小時盯著一個小屏幕，對德國的事物和思想沒有真正的了解或興趣……

我喜歡步行，不僅是為了保持健康，而且為了拒絕繼續錯誤的速度、錯誤的目標，拒絕病態的生活方式——生活在封閉的應有盡有的購物中心，人們苦於抑鬱、攻擊性、情緒化、貧困……這就是我想要避免、減少、忽視、反對的。

如果你是這個經濟體系具生產力的一部份，你會看不見，或者不想看見。直到你老了，退休了，你才有機會看到生活真正的意義：一種超越權力、速度和效率範疇的存在，一種超越功利、營銷和消費主義的存在。這對我來說並不新鮮，我25、28歲時就已經看透了。但卻必須玩這個遊戲——作為單親父親養育一個兒子。因此，你看，這麼多年在這個體系中造就我成為一個哲學家。

Age 74

Günther Krabbenhöft

Chapter I ──── 不怕老

「如果心中有一團火，就要讓它一直燃燒著，讓火花不斷綻放——保持對人、對愛、對藝術、對變化、對世界的好奇心。」

Let's Dance,
24 Hours or More

舞吧！
24小時都不夠

柏林十字山區（Kreuzberg）是個混雜而前衛的潮區，滋養著崇尚自由和輕叛逆的年輕一代。週末，年輕人手裡握著咖啡站在布滿塗鴉的磚牆下聊天，拿著啤酒在橋上散漫地坐著放空，吸吐著帶有藝文味的氣息。

這天，時尚網紅 Günther Krabbenhöft 一邊走一邊轉動手杖，英倫紳士風混搭著牛仔褲；橘色煲呔和袋巾以及橘褐色皮鞋，顏色呼應；灰調的帽子和西裝互相映襯。他用色向來年輕，沒有年齡的框架。

他退休前是廚師，老來衣著打扮出眾，因頻密被街拍而成為網紅，還上過不少國際時尚雜誌。三年前，有個手機 App 找他拍廣告，進而是 google、日本時裝

品牌、運動鞋、銀行⋯⋯後來多到有點應接不暇了。他邊走邊介紹：「日本攝影師獨愛這堵磚牆，我上星期在這裡影過⋯⋯對面的塗鴉牆也不錯⋯⋯」所到之處，有很多他以前拍廣告的取景點。拍照期間，我誇他有鏡頭感，他說：「一開始不像現在這樣，我也是慢慢學來的。」起初在街上看到自己的海報，他會遮住臉不好意思看。「慢慢習慣了，覺得還挺美的。」

見面前不久，他剛參加過柏林時裝週，有感而發：只見到那些漂亮的年輕人，為甚麼沒有幾個穿著時髦的老人蹤影？「年輕人過來和我攀談，尤其是女孩子，她們激動地說『我們希望老來也能像你這樣，老了以後也要繼續開派對！』」他啟發了年輕人的同時，年輕人也鼓舞著他。「我完全不孤單，現在認識的新朋友清一

色是年輕人。」

Günther 刻意搞怪做出拱肩縮背的模樣：「人們以為老人總是這裡酸，那裡痛，老得不能動。」他頃刻間又轉作活潑生猛狀：「但你看這個老人！他還可以玩電子音樂，還能跳舞?!」他得意地笑著。「跳舞當然要去年輕人去的地方——電音俱樂部。」眼前滿場年輕人扭腰擺臀，熾熱滾燙的青春氣息撲面而來。起初他一度遲疑過進不進去，內心一陣嘀咕：「人們會不會擔心這老人一跳就心臟病發作倒下去，派對就這麼結束了？」可是年輕人一見到他便熱情呼喚：「快來吧！一起跳吧！」

72歲的 Günther 無疑是那個電音俱樂部年紀最大的，其餘大多20來歲。「中年人已經是少數，他們大概也被嫌棄太老啦。」見 Günther 將手杖從一隻手拋到另外一隻，流暢地搖擺、頓足、跳躍、扭動，緊接著旋風般疾轉，步子輕捷而又徐疾有致。「我熱愛跳舞，跳舞時能量澎湃，音樂帶來那麼多力量和樂趣，跳完覺得走路像浮在地面！這時候就真切覺得：我活著！我活著！」他越舞越是狂野，每星期跳兩次，通常一大早加入那些跳通宵的人，有時早上五點進去跳，一直玩到晚上八點才回家。「反正漆黑一片，你也不知道今夕何夕。」15歐元可以跳24小時，「太划算了」！

「歲數越大，我越能夠體會到活在當下的美妙，跳舞有無與倫比的樂趣。」他一聽到音樂，全身就情不自禁地扭動。「好多人誇我跳舞時身體自帶律動，舞感太好了！」於是他跳得更起勁。「我不想一個

一定要注意衣著形象，讓別人還有點胃口看我。

人坐在家裡，我釋放滾燙的能量，我會一直跳到不能動為止，跳到死為止……」

繽紛的生命色彩

「陽光燦爛，何妨穿得淺色一點。」當他看到一個花飾紋理，馬上想到搭配哪一頂帽子。襪子、領結、配飾，一眼中矢。無須絞盡腦汁，很自然將心中的感覺通過衣飾表述。「但這一套明天就不合適了，因為心境不盡相同。昨天的衣服今天再穿也是違和。」

Günther 語速很快，不假思索地回答問題。「潮流對我不重要，重要的是衣服。每個人的衣著透露訊息，表達主張。有人穿上破洞的衣服自以為很趕上時髦，我不能理解這種理念。明明窮苦人沒有選擇才穿這樣的衣服，其他人為甚麼故意穿成好像無家可歸的樣子呢？」

許多人讚賞他身材保持得好，但他津津樂道的不是身形：「穿衣服好看，與我的身材沒關係，即使再胖一點，也可以找到好看的衣服。」許多人以為他的衣服很名貴，但他強調自己從不追求名牌，有時候只是買降價的 Zara。「我很高興自己有這樣的品味，將 Zara 穿成 Armani。」

談及衣著風格，他強調自己並不刻意模仿甚麼風格，不追求經典的英倫紳士形象，會加現代元素，例如牛仔褲和配飾。「我努力的方向是高雅時尚，我本來就是老人嘛，沒必要穿得看起來像一個年輕人，免得人家以為我故意裝嫩，但是，我也不想穿成一般老年人的樣子。我只

穿我想穿的，穿我覺得漂亮的，每個人都是獨特的，我有自己的樣子。」

他推崇「內外兼修」，「很多人說衣服不重要，內在美才重要，我不同意，衣服表達了你是一個怎麼樣的人。為甚麼要穿得很沮喪的樣子，隨便套一件黑沉沉沒有顏色的，這樣等於沒有善待自己。生活是多麼棒的事情，每天都值得我們珍惜，有那麼多樂趣，我告訴自己，一定要注意衣著形象，讓別人還有點胃口看我。」

他很容易交到朋友。走在街上，年輕人豎大拇指誇獎他的打扮出眾；有時問他在哪裡買衣服，他熱衷地做起時裝顧問來。「每個人都很高興有人欣賞自己。」當他看到某個人衣著有個性，也會上前

搭訕：「你的鞋子很好看！」「你的手鏈在哪裡買？」他特別留意與眾不同的人。「微笑是陌生人之間最短的距離，人與人可以互相贈送微笑。」他年輕時候以為笑不夠酷，憂愁才是酷，要一臉愁容表現得很深沉才是潮流，進入老年，他更愛笑，且更開懷。

「我不喜歡別人管，通常都是來去自如。」Günther 的女兒住在圖林根，他獨身在柏林生活，和好友11個人一起買樓住在同一個社區。「朋友就是我的家人。」他們一起開派對，一起喝啤酒。不會友的時候，他獨自看電影、打掃房間、洗衣服熨衣服，自從不養貓，少了一些清潔工作。「所有時間都是自己的」。一說起貓，他不斷翻動手機尋找愛貓的照片，並且情深款款地前後講了六次「Paul 是

這麼美！」養了14年的老貓 Paul 不久前剛剛死了，他痛心不已，「我第一次為動物而哭……」他帶著哭腔。談著愛貓的種種和往日的快樂。「我最愛的 Paul，多麼優雅，多麼紳士，多麼溫柔……」

Günther 好奇心十足，我問他時，他亦問我：亞洲人玩不玩電音？對老人態度如何？老人穿得好看嗎……他瞪大眼睛聽著亞洲的情報。「如果心中有一團火，就要讓它一直燃燒著，讓火花不斷綻放──保持對人、對愛、對藝術、對變化、對世界的好奇心，不要總在埋怨現在20歲了、30歲了、40歲了……別被你的歲數捆縛了，想做就去做吧。總之，生活熱情的火苗要保持著，始終保持一份光和熱。」

說完，他一屁股坐上鞦韆，請我幫他拍條30秒影片，「嘿嘿，年輕人喜歡看動的東西嘛！」那一刻我見識到甚麼是耀眼的火花。

老友不怕

Ageing Gracefully

這個年紀甚麼令你快樂？

快樂不是永遠的狀態，是細微的小確幸組成的。要為自己的幸福負責，幸福不是從外面而來，而是一直在我的內心。只要一天在地球上生活我就要過好這一天。沒人時刻都在笑，我也有傷心的時候，但是總會過去。所有的事物都在變化。我永遠認為現在是最好的時間。

甚麼事會令你擔憂？

沒有。也許千篇一律的生活讓我難受。希望有一天即使我得病，也能夠主宰生活。生活給我甚麼，我都會接受和接納。我經歷過的疼痛和波折，都是塑造了現在的我，我對現狀很滿意。

你怎麼看愛情？

對愛的感受是變化的，愛情會飛走，和一個人一起老去是理想的。現在我需要的不再是男歡女愛那種只對一個人的愛，歲數大了，性也變得不重要了。我現在的愛是對所有人的愛，不區別男人和女人，可以沒有愛情，但不可以沒有朋友。我愛我的好朋友們。哪天心情不好，就靠在朋友肩膀上，一起吃個雪糕吧。

你內心感覺幾歲？

30多吧！我都好奇自己腦袋怎麼回事，我的孫子24歲和18歲，不過我怎麼比他們更有活力！

你怕老嗎？

我不怕老。目前身體健康，一顆藥都沒吃過，內在能量讓我保持年輕。一個人就算想盡辦法，也許可能延遲一點點老化，但是無法阻止。

你怎樣看待「老」?

很多人覺得自己還年輕,但你只是現在年輕,只是在這個時刻,你不可能永遠年輕,所有的人都會變老,就像我一樣。但我歲數越大,越感恩生活。活到老不是理所當然的。一個人老了,值得為他慶祝。

你怎樣看待「抗衰老」?

老年也有美麗的皺紋,人們喜歡自然的臉,而不是荷里活演員那些僵化的臉。我不喜歡變老,但是既然你來了,那就來吧,我們嘗試和平共處。最重要是我內心的態度,若然我年紀大了,仍有熱情和能量投入生活,這才是真正的「抗衰老」;讓身體自然老化,但心境保持年輕,這才是真正的「抗衰老」。怨天尤人,老得更快呢。

你怕死嗎?你怎樣看待死亡?

死亡不是忌諱。我喜歡禪的哲學觀。人們怕老,因為害怕很快死,任何人出生都會一步一步邁向死亡。我不自討苦吃,我既不能改變死亡這事實,我就更不必害怕,只是有點不確定,因為至今未死過嘛。

你想活到幾歲?

要看身體狀況,我必須接受生活真實的樣子。萬一我插著喉管,臥床不能動,保持生命跡象,這樣也只是苟延殘喘。萬一我生病了,但願依然可以欣賞生活。我也希望天天有太陽,但是不可能,我們只能談論天氣,無法改變天氣。我現在學習改變自己看事物的方式,以前錯過一班車會很激動,現在凡事放鬆。

「我獲得大量的空閒時間來學習有趣的東西、閱讀、旅行。在職業生涯中，沒有太多這樣的可能性。」

Age 76

Andreas Rühling

「種了二十五棵古老品種的蘋果樹。它們是我們文化的一部份，說不定哪天我們會重新需要它們。」

A Refreshing experience,
Going to University Again
after Retirement

好學的
百科全書爺爺

德國中部小鎮 Bad Sooden-Allendorf 位
於黑森州「德國童話之路」上，是格林童
話靈感發源地之一。山丘延綿，叢林密
布，小溪流穿城而過，金黃色的麥田隨
風搖曳。

18世紀的德國典型木桁架建築色彩斑斕，
橫橫豎豎的棕色木條組成別致的幾何圖
形，窗口的鮮花怒放著。童話故事的結
尾浮現腦海：「從此以後，王子與公主過
著幸福快樂的日子……」

600多年的老教堂，渾厚而悅耳鐘聲使人
暫忘塵囂。Andreas Rühling 家就在教堂
附近。恰逢一年一度的豐收節，大街小
巷都盛裝打扮過，出外工作的年輕人都
返鄉了。一入夜，寧靜的小鎮沸騰起來，
大街上摩肩接踵，互相祝酒。

手裡握著一杯啤酒的 Andreas 在人群中
有點寸步難行，幾乎每個人都和他打招
呼攀談一陣。Andreas 外冷內熱，言簡意
賅，表情看起來有點嚴肅，情緒總是水
平如鏡，但不經意又流露的冷幽默，這
是他血脈裡的普魯士風格，一個恪守傳
統價值的德國人。小村子裡像他這樣對
多元文化、對世界感興趣的人並不太多。

他在這住了30多年，對一草一木瞭如指
掌。「或多或少得到尊重，但這是因為我
的職業，而不是因為我的年齡。並非個
個是我的病人，但我每天走在路上，所
遇到的街坊都會互相打招呼。」

⬦⬦⬦⬦⬦⬦ **邂逅率真的南美姑娘** ⬦⬦⬦⬦⬦⬦

一杯啤酒下肚後，Andreas 語調更顯輕

快：「我當小孩的時候，難以想像25歲之後的人生，25歲的時候，我覺得活到50歲就是盡頭了。現在70多歲，對我來說已經很長了，畢竟我的心臟做過手術。我並不需要活到100歲，如果妻子先走，我一人獨留，那才叫淒涼。」他半開玩笑地說，有次遇到一位老寡婦透露心聲：「丈夫死了之後我才明白，原來，生活中有個人跟你吵吵架，日子會過得容易一些。」

Andreas 1943年出生，母親是奧地利人，父親是德國人。他19歲大學畢業，當兵一年後讀了六年的臨床醫學，26歲開始在醫院做內科實習。很快就覺得「太悶」，所以決定出走南美洲。先在墨西哥的醫院工作，1975年輾轉到玻利維亞的小村做義醫三個月，就在那裡邂逅了率真的女醫生 Eugenia。Eugenia 當時正好剛做完手術要養病不能工作，所以 Andreas 成為她的替班。每個週末她都會回到小村裡一起工作。「三個月後我沒工作了──她回來了。」此後 Andreas 又到墨西哥工作待了一年，1977年，他回到德國繼續完成內科臨床學習，身邊多了 Eugenia。當年他娶南美洲姑娘為妻，在這傳統的德國小村裡算是十分前衛。現在三代同堂，他當了爺爺，已經有兩個孫女！

自從1981年，兩人就在 Bad Sooden-Allendorf 落地生根──那時村裡有個老醫生退休，正好需要新的醫生入駐。「我的祖父以前住在距這裡兩公里的小村──統一之前的東西德交界。」Eugenia 亦進修成為心理醫生，後來還自己開了間心理治療診所。

Andreas 回味無窮的舊時光，是在玻利維亞附近海拔 3,000 米的貧窮村落，冬天沒有暖氣沒自來水，「但是在人群中卻感到很溫暖，因為那裡的人都熱情如火。不像德國人那樣嚴肅、常常保持距離。當然，我們的村子例外，我住了 30 多年，人與人很親近。」

2006 年，63 歲的他做了心臟手術，安裝了人工心臟起搏器，第二年乾脆利落將診所關了，64 歲正式退休。從醫差不多 40 年，每天從六點起床工作到晚上八點，「很夠了！應該做點其他有趣的事。」

◇◇◇◇◇◇◇◇◇◇ 70 歲的大學生 ◇◇◇◇◇◇◇◇◇◇

剛退休時，Andreas 好像度假一樣悠閒。當時妻子還在工作，他負責做家務、下廚、種果樹。不過，幾個月後便感到沉悶了，「覺得必須要做點甚麼了。」

Andreas 向來很好學，他在博物館看了一個鉛字印刷術的展覽，驚嘆這古老技藝竟然失傳了。於是千方百計找到印刷廠裡懂這門手藝的老師傅，認真去學了工藝，學成後用活字排版，將詩印出來，每年給家人做日曆，兒子娶媳婦時 Andreas 還親手逐張造了活字請柬派出。

「如果你不用工作了，又覺得自己有足夠的能力去做比坐在電視機前更好的事情，那麼你最好找一份正事。我腦子裡就一直有學習語言的想法——大學時這是我最喜歡的科目。」Andreas 17歲那年在語言學和醫學的選擇之間徘徊過，最終選擇了醫學。當了一輩子醫生，他感覺老年是一個契機，可以完成一些未竟之事。於是，他報讀了哥廷根大學的語言學，專攻西班牙語。三年間，他每週五天搭一個小時火車到大學，「離這裡35公里左右。」談及一個地方，他總是給出十分精確的距離。

「我想證明自己和年輕時一樣，也有學習的能力，並且能夠有系統地深入學習。」Andreas說，年輕時因對人體生理學很感興趣而學醫，老來同樣因好奇而求學。

其實他未正式學過西班牙語，只是年輕時候第一次去墨西哥行醫在旅途上自學的，那時搭船兩個星期，下船後已學到了不少語法和單詞，而後又在生活中與妻子不斷實踐。

在德國，退休族上大學很普遍，有專門的老年大學課程，大多數長者並不會讀正規的大學課程，而是當個不需要考試的旁聽生。Andreas卻選擇與年輕學生一樣的課程。他對自己有很高的要求，「旁聽生的學習強度和內容與正式學生可能不一樣，我不想錯過任何學習機會，也不想被特別對待。」

學習起來會不會比年輕人遜色？Andreas說，上學的時候確實有一些學術的東西不懂，但是不是年紀的問題，因年輕同

學也不懂。但是學習語言的確比年輕時候困難——記憶力衰退。年輕時候學的克羅地亞語，30年後還可以記住；退休後學匈牙利語，隔一陣子已全部忘光了。年輕時候不需要太努力成績也很好，但老來格外珍惜上學機會，讀起書來很拼命。最終工夫不負有心人，他成績名列前茅。「以前沒有看懂的學術類文章，現在都可以明白了。」

Andreas 上學那幾年，成本特別高，一來正好碰到德國的大學學費改革，從不收費轉為收費了；二來這是他的第二學位，且作為老年人上大學，他比年輕同學多交幾倍學費。普通的同學可能只要 300 歐元，旁聽生只要 100 歐元左右，而他每學期要交 1,000 歐元的學費。有人問他，是不是很富裕錢太多了？他說：「不是，

只是有些人花錢去度假，而我花錢上學而已。」

重返校園的三年無疑是他退休生活的亮點。「與年輕人的接觸令我耳目一新，感覺真好！」與一群比自己小 50 歲的同學在一起，Andreas 也感染了朝氣。一開始大家都不由自主尊稱他為「您」（Sie），而不敢用「你」（Du），畢竟他是班上最年長的，甚至比教授更老。「教授們當然都會比我年輕，不然他們早就退休了！」

過了一段時間，Andreas 和一些學生熟絡了，漸漸打成一片。他最喜歡脫了鞋子和同學們在草地上席地而坐討論功課。同學邀約他晚上去看電影泡酒吧，但他的拒絕理由很是單純，「因為太晚了就沒有火車回家了。」現在想起來，他笑自己

太傻了，應該在學校附近住一晚酒店。

「我盡量不表現得比其他學生聰明，提防自己倚老賣老。」Andreas 與 20 歲的 Robert 和 Jana 成為了朋友，經常一起在學校飯堂吃飯。Jana 學過西班牙文學，而 Robert 是在德國長大的葡萄牙人，對玻利維亞很感興趣，這些都是大家的共同話題。相比起年輕時候學醫埋頭苦幹，現在讀文科更樂於交流。他們的論點有時針鋒相對，大多跟歷史和政治相關的學術討論，激辯反而加深友情。

他們討論古巴歷史，辯論切格瓦拉是不是英雄，辯論古巴革命之父菲德爾·卡斯特羅的歷史作用，Andreas 列舉很多歷史和現實中的實例。跟年輕人不同的是，卡斯特羅鬧革命的時期是他親身經歷的，

正是 Robert 這個年紀。激烈的唇槍舌劍中，Andreas 自始至終都不覺得年長的人就是對，「我只是多了一些人生經驗，沒覺得自己比他們厲害。見證時代只能說明我有另一個視角，並不等同於我的想法是對的。」辯論的輸贏不重要，他享受的是交流。「而同學們並沒有把我當成長者。」看來，他已真正融入年輕人的世界。

70 歲生日，同學們一起到小鎮為他祝壽。難得盡興，「沒人知道我 80 歲還能不能搞派對！」

◇◇◇◇◇◇ 大概連上帝也沒料到 ◇◇◇◇◇◇

Andreas 是一個真正的生態環保實踐者。每年三月，本地蛙產卵期，蛙群會從郊外的樹林跑到湖邊產卵，而馬路是必經

我很高興在家中的花園裡勞作，種水果和蔬菜。

之路。30多年前，當地汽車開始增多，Andreas 和小鎮生態小組擔心青蛙過馬路有危險，於是在馬路旁圍了柵欄阻擋了青蛙的去路，更在附近挖了一些洞，青蛙一改道就會掉入洞內。Andreas 當年帶著年幼的孩子，早晚為青蛙「接送」，早上捧著青蛙過馬路，送它們到馬路對面的湖邊產卵，晚上接回樹林。十天後，所有的青蛙都安全到達對面產卵，再拆開柵欄。這種關愛令小鎮至今仍可聽到蛙聲一片。

他興致勃勃地帶我去看一個小鎮上的蘋果樹園。果香撲鼻，已經熟成的小蘋果紅著半邊臉掉落在地上。他隨手撿起一個，在衣服上擦一擦，放入嘴裡。「天氣太熱，所以掉得早，現在還太酸了！」即使爛熟一地，也無人採收。

這一地區原本遍布上百年歷史的各種類農作物。但這些多樣化的選擇，對現代農業或者超級市場顧客來說沒有吸引力。就像 Goldrenett 這種老品種的蘋果，本身甘甜清香，樹種能夠很快適應當地氣候的變化，但是因為果實壞得快，必須盡快吃，不符合商業社會的消費模式，因此這個品種已經從超市裡銷聲匿跡，周遭的果園也荒廢了，長滿了雜草。生態小組希望保留這些不被時代賞識的品種，在公共的草坪上種了25棵古老品種

的蘋果樹。「它們是我們文化的一部份，說不定哪天我們會重新需要它們了。」

Andreas 對老年社會的前景並不樂觀，但他總是在為社區默默做一些力所能及的事情。「上帝創造人，大概也沒有料到人會活得那麼長壽，應該是用了越來越好的材料？古人活到四、五十歲，以前戰爭和疾病都會讓人口減少很多，現在的醫療和科技確保人越來越長壽，就算增加孩子，再多也解決不到問題，他們總有一天也會變成老人。」

Andreas 早已觀察到由社區照顧、原居安老的必要。孩子越來越少，老人越來越老，年輕一代養不起那麼多老人，很多中歐小鎮都是如此。年輕人有自己的生活，房子很小，很難與老人同住，故

獨居長者越來越多。「如果你有一盞燈壞了怎麼辦呢？想站在椅子上卻做不到。誰來幫你把大袋垃圾放到門外等人來收呢？誰來幫你帶郵包到郵局呢？」

小鎮的「長者社交圈」已有近30年歷史，Andreas 是骨幹成員。他們定期搞活動讓獨居長者聚集在一起唱歌、玩樂、聊天、做手工縫製，不同年紀的成員在日常生活中關顧他們，例如陪他們去看醫生、購物、做點簡單的清潔。而義工自己老了，也會獲得相應的支持，這已經成為社區互助的傳統。

曾經有一位伯伯，太太進了醫院後終日惶恐不安，害怕自己也會出事，Andreas 每日去探望他。「像這類個案是申請不到專業援助的，並非每個人身邊會有親人

或鄰居願意幫忙。許多獨居的長者並不需要護士來照顧，只需要一些日常生活小協助。」長者社交圈彌補了這個空白。

◇◇◇◇◇ 進入人生中最好的時光 ◇◇◇◇◇

2015 年夏天，Andreas 的大孫女 Loretta 剛剛出生不久，我到他家做客，見到他 101 歲的母親 Maria 坐在花園椅子上，沐浴著陽光，半閉著眼睛織毛衣，手藝純熟到進入自動化的境界。她見到初生的曾孫女大為高興，親了又親。

Maria 93 歲之前一直在奧地利獨居，後來胃口開始不好，變得纖瘦又柔弱。她獨立慣了，兒女大費唇舌才說服她在四個孩子家輪流住。2014 年，Andreas 將患有認知障礙的 Maria 接到自家樓下住，還請了一個波蘭的護理員來照料她。

Andreas 記得媽媽在 70 歲時說過，她進入了人生中最好的時光。她年輕時性格倔強，老了反而更容易快樂，亦更容易相處，人也變得更舒泰，有種返老還童的單純。年輕時母親應該會喜歡有趣的職業——與書或文學有關。現實是她和丈夫住在鄉下，他是家庭醫生，沒有多少時間陪伴家人。她照顧四個孩子有很多事情要做。那時煮飯、洗衣服都不像現在這麼容易。當她老了以後，她獨自生

活，沒有經濟擔憂，沒有家庭責任，完全享受自由和新的生活方式。「看來，變老不是一件壞事。」Andreas 笑言。

「玻璃窗裡是誰在看？」Maria 視乎有了新發現。「是你自己的影子。」Andreas 笑著說，將手輕放在媽媽的肩膀上。『你又是誰？』她忘了時間，忘了歲數，認不出家人，也忘記自己是誰。

看著媽媽喝完一杯咖啡，Andreas 在花園支起吊床，打起盹來……

◇◇◇◇ 做個好學的百科全書爺爺 ◇◇◇◇

2016 年，Andreas 在家中陪伴媽媽走完了她 101 歲的人生旅程。兩年後，Andreas 在兒子家迎接孫女的出生。生命的終結

和開端，自然地流轉著。而 Andreas 依然充實地過好每一天，閒時到處旅遊，從未停下腳步，每個月都會去一個地方；在家的時候，會去教難民的孩子德文，也會關心他們的健康。在文藝和學術上，他醉心鑽研，近期老伴出了本西班牙文的小說，正式由 Andreas 翻譯為德文。

不用照顧媽媽，Andreas 出行頻密了。他有很多記錄生活的習慣，隨身帶個小本子，到新的地方度假每天記流水賬；旅途中還用小相機拍下有趣的畫面，回到家沖曬出來自製成明信片寄給孩子們，這是他跟孩子們保持聯繫的獨特方式。

爺爺這個角色是 Andreas 老年的另一個樂趣。當他第一次見到二孫女時，並沒有像別人家的爺爺對孫女抱抱親親，而

是作出了醫生的條件反射——抱起孫女先看看腦袋，扯扯胳膊拉拉腿，來個檢查再說，「十分健康！」他興高采烈地說。全家人在　起的時候，他就是一部百科全書，大孫女有甚麼不懂的知識一定先問他，沒有甚麼難倒他。他寫得一手好字，跟孫女玩時，寫的是活字印刷的反轉字，真的腦袋轉速慢點的都做不到呢。

「他真的是個很可愛的老人家！完全沒有『食鹽多過妳食米』的觀念，永遠覺得自己還有不足，還要學習，這點很讓人尊敬。」中國兒媳婦張蓮待 Andreas 亦師亦友，常常討教他關於孩子的教育，從中得到啟發：「說教是無法實現教育的，只

有以身作則，孩子自然會照妳的樣子做；養孩子要領有兩點：給他們愛，幫助他們樹立健康的界限。」她說，Andreas 分享經驗完全不講大道理，只是溫和理性探討問題，這點特別寶貴。

「我覺得他們的老年生活真是很瀟灑，完全沒有壓力又不無聊，羨慕他們，如果我老了也能這麼瀟灑，就很好！」Andreas 的從容風度，感染著身邊年輕人看到老去的淡定。

老友不怕

老年的理想居住是怎麼樣的？

失去獨立性是遲早的事，人不可能永遠保持獨立和活力。我不會和子女住，因為我沒甚麼耐心，也不想他們辛苦地照顧我。只要一天能自己獨自生活，我就想繼續自己生活。實在不行，我會選擇住在安老院。安老院不是那麼負面的，儘管大多數人不喜歡——那樣的生活失去自主性以及生活的可能性。

現在的趨勢，老人不再住在大的安老院，而是五到七人一起住，有自己的房間，共用廚房，像一個小家庭，需要的話有一個護士看護。當然，環顧我的街區，確實有很多老人，如果和這些老鄰居一起住，相信不會有太多機智的對話——找到合適的共居者不容易，不過，生活本來就不會事事如意。

退休後，你的得失是甚麼？

我獲得了大量的空閒時間來學習有趣的東西、閱讀、旅行。在職業生涯中，沒有太多這樣的可能性。但同時失去了一部份社交聯繫，失去了肌肉的力量，失去每天與不同的人一起工作的刺激感。

步入老年，你的身心經歷了甚麼變化？

我樂意照鏡子，自己的樣子看習慣了總會喜歡吧？登山路的時候，我腳踝痛，背痛，一些舊患會發作，例如少年時代受傷骨折，年輕很快康復以為沒事，但幾十年過去，痛症又找上門。不過，這些疼痛都是可以接受的，人老了自然會這樣。

這個年紀甚麼令你快樂？甚麼令你擔憂？

我當醫生的時候，要每天不斷和人說話，但其實我喜歡獨處，最好無人打擾做自己想做的事情。我有養老金有房住，衣食無

憂，生活在一個好的社區，沒甚麼煩惱。若有擔心的話，也是關於孩子的，他們的前程如何？退休金以後夠不夠生活？當然，我知道這無關我的人生了，這是他們自己的人生。

你的年齡無關，而是與我能夠照顧好生活中的種種前幾年那麼飛快；我喜歡把所有事情——從早餐開始到睡前喝一杯葡萄酒都做得慢一點。我仍對很多事情感興趣，因此對自己的生活很滿意——這與我的年齡無關，而是與我能夠照顧好生活中的種種有關。

智慧會隨年齡增長嗎？

不會，只是思考的方式不一樣了。年紀大了確實更謹慎、保守，通常不想有太多改變。但我覺得始終要不斷學習新的事物，別自以為老了就更有智慧。看著社會和科技如何日新月異，真的是很多驚喜，廣播的年代出生的人不會想到會有電視，電視的年代出生的也不會想像有電腦、還有今日的智能手機……

你內心感覺幾歲？

我很難說怎麼樣才算是50、60甚至100歲的感覺。我現在75歲，注意到有些事情比以前更難做到：例如我的步伐不像

你怕老嗎？

不怕，人本來就會老。

你怎樣看待「老」？

我一輩子都和老人打交道，無論是在醫院工作、還是我做家庭醫生的時候。一個人擁有美好的生活不取決於年齡，而是取決於他們的性格、社會地位、朋友和家人。我很高興在家中的花園裡勞作，種水果和蔬菜，而其他人更喜歡打牌或在樹林裡遠足。所以，如果你找到了一份滿意的職業或業餘愛好，年齡就不那麼重要了。

Age 81

Maren Neumann

Chapter I ———— 不怕老

「當你老了，才有時間發現自己內心被掩藏的部份，連你自己都不知道的一面。」

「老年令生命更有深度。年輕的時候，我們浮在水面上，漸老讓我們一點點慢慢潛入水裡，漸入深處，看得清楚甚麼是愛，甚麼是重要的，甚麼是人的本質。」

Sculpting Life:
Ageing With Fun

雕
刻
生
命
的
深
度

午後陽光和煦，Maren Neumann 在自家花園屏氣凝神地做木雕。敲敲錘錘的聲音聽起來幹勁十足，工作台上整齊地擺放各式刀、鑽、尺、手鋸……Maren 全神貫注地盯著木槌敲打鑿子，腕力強勁，利落而精準地雕刻出了人臉的切面。時而停下手，站遠一點，換來一點思索空間。她聆聽眼前的半成品：「遍體鱗傷，但內在有很多力量，很想吶喊。」一直做到夕陽西下，全然忘卻了時空。雕木的過程被她稱之為「與木頭的對話」。

退休後，Maren 有了新的身份——木雕藝術家。她創作時思如泉湧，手起刀落很自然就把靈感雕琢出來。十多年來，作品已經結集成書。「我聆聽每一塊木頭想要成為甚麼。」有時她雕刻一隻木舟上兩個人的「同舟共濟」，有時雕刻出神情

悲傷的「惡魔」。木頭都是在大自然中撿來，有的是朋友送的。大多數作品都送走了，家中僅留下幾個，其中有一個女人跪坐的婀娜身姿，是她送給丈夫第一份木雕禮物。

Maren 家的牆上掛著一個奇特的面具。這一塊木頭，原本長得坑坑窪窪，粗糙又畸形，在曠野無人問津。Maren 撿回來做成了一個面具，「這塊木頭醜得真美麗，給人無窮的想像力。」面具一般都是為了真相或者遮蔽醜陋，但眼前這個卻有超越美醜的內涵。而她新近的作品是一段弧形軌道，軌道頂端有一個小木球，底部承載著一個沉實的圓石頭。「木球代表一個人死後去了另外的空間，而石球代表地球被我們留在身後。」

經 Maren 的雙手，每一塊偶得的木頭，縱然歪瓜裂棗亦有機會展示生命的預示，她的作品渾然天成，富含哲理。

「當你老了，每天從生活細微之處可以找到一點小快樂。例如街上遇到陌生人對你微笑，而後大家相視而笑，這樣的事，足以開心一整天！」清瘦的 Maren 眼神總是帶著笑意，臉龐細紋清晰可見。那歲月之手的摺痕，若不是收藏著人生的閱歷與智慧，便一定是笑出來的痕跡。

Maren 出生在1938年，這個世代的人成長於戰亂與重建的困乏時代，自小學會了從無到有創造一切的本領。」我今天的活力多虧年輕時候不是做體力粗活，身體底子很好，不煙不酒，也不愛大吃大喝。退休金給我一個很好的生活保證，得以毫無擔憂地過自己想要的生活。對別人的責任已經完成，現在完全是對自己負責了。」「老年令生命更有深度。年輕的時候，我們浮在水面上，漸老讓我們一點點慢慢潛入水裡，漸入深處，看得清楚甚麼是愛，甚麼是重要的，甚麼是人的本質——每個人都渴望被認同，被人看到自己的價值。」

「老年，真像是一場歷險。」她總是充滿好奇地探尋一切未知。

∞∞∞ 孫女訓練我成為「演技派」 ∞∞∞

Maren 經常到附近的長者中心「公園之屋」玩樂，又做木工，又做劇團。退休族表演木偶劇給殘疾孩子看，也邀請了難民孩子，Maren 和夥伴們細心地將台詞翻譯為阿拉伯語。演完一次大受歡迎，第二年獲邀重演，老友記們躍躍欲試，拍胸口說重演絕對沒問題。不過，一排練卻發現已經忘光了台詞。

「真是太有趣了！其實我老來才發現自己很喜歡玩劇場、演戲。」Maren 是在湊孫時發掘新的興趣和才藝。她和孫女玩的遊戲是假裝騎馬。馬蹄聲「噠噠噠」，婆孫倆翻山越嶺趕路，走了很遠很久的路。突然 Maren 說：「哎呀，我的馬太老了，現在太累，走不動了。」小孫女自告奮勇提出：「那就換我來牽馬吧！」Maren 爽快地將這匹老馬「給」了她……她們沒有任何道具，一切全憑想像。當 Maren 拿起一根棍子來假裝騎馬，孫女立刻反對了：「Oma（德文祖母），我們從來都不需要任何東西做馬，全部都可以想一想就變出來了啊！」「就這樣，我和孫女互相訓練對方成了『演技派』。」一說起孫女，Maren 講故事的口吻變換著語調，引人入勝。

「當母親時會覺得孩子要學這個學那個；但是作為祖母，只是靜靜看著孫女怎樣發現新事物就感到滿足。」孩子時而蹲在地上看一朵花，時而學鳥叫，撅起屁股

從褲襠裡往後看,立即發現一個倒立的世界⋯⋯Maren 在旁看著,被這一切逗樂了。子女年幼時,她一來沒那麼多時間這樣玩,二來對待他們要求嚴格,總是肩負「為人父母」的責任。但湊孫就沒壓力了,只是純粹地玩,甚至玩一些古怪的東西——例如裝作是一隻狗,假裝被關在籠子;婆孫齊齊全身埋入樹葉堆,只露出頭,路過的街坊笑說:「這位祖母真是瘋狂啊!」Maren 感到樂此不疲。

老夫婦的文藝追求

Maren 和丈夫 Hans Gerhard Neumann 結婚 50 多年,養育了三個孩子,全都是音樂家,現在有五個孫。兩老一直住在漢堡市東南邊 Bergedorf 區 120 年歷史的老屋,「這樣的屋子有一種難以言喻的獨特氛圍。」

日間,兩老吃得很清淡,麥片、堅果、沙律。退休後他們多了時間在一起,生活簡樸且充滿文藝氣息。Hans 一直支持 Maren 的木雕創作,為她拍攝作品集。

「當我不需要工作，從忙碌中鬆綁了，生活慢下來，我的老化也慢下來，靈魂從此停留在65歲！」Hans 與 Maren 年紀相仿，同樣開朗愛笑。退休前是位教師，教文學和戲劇。Hans 熱愛音樂，擅彈鋼琴和拉大提琴。自從65歲退休，便醉心研究不同時代的作曲家怎樣以音樂詮釋文學家的詩作，大師之間的差別是甚麼？他還專門為退休族授課談這個話題。「其實這類研究很小眾，出書也不會有人看，與同好分享就夠了。」

Hans 以歌德的詩作《紫羅蘭》（Das Veilchen）為例，羅伯特·舒曼之妻克拉拉·舒曼與莫扎特的詮釋，大相徑庭。他播了兩個版本來示範。聽起來，克拉拉譜寫的樂曲更顯深沉，演繹出內心苦楚。他以前大量閱讀，現在反而閱讀少了。

「別人一問知道這本小說嗎？以前回答『我知道』很有優越感，現在反倒無所謂了。老年的負面人人都會想到，好處是你會變得比以前平和、安靜、包容，有更多時間集中做自己感興趣的事情。我最害怕失去好奇心，因為好奇心是生命力的象徵！」

Maren 寫了一個木偶劇劇本。故事圍繞20歲的克拉拉遇見76歲的克拉拉，一老一少展開的對話。「你看，克拉拉外表美麗，但內心已被婚姻和現實煎熬。」Maren 拿出老克拉拉的木偶，操弄著提線，克拉拉好像一下子活過來了。

Maren 繪聲繪色地演了三段對話：

老年克拉拉對影自憐：「你看我的手指，

我的女兒說過我的手指是最美的。現在我老了，手指老到不能彈琴了，以後誰來演奏 Robert 的音樂呢？誰還像我一樣懂他的音樂呢⋯⋯」年輕的問：「你年輕時感覺如何？」老的答：「我充滿力量，我以為可以做好一切，成為優秀的鋼琴演奏家、藝術家、好妻子、母親⋯⋯我想樣樣兼得。」年輕的問：「會不會太多了呢？」老的答：「似乎太多了。」

年輕的問：「你丈夫在療養院時候，為甚麼不去探望他？」老的答：「我不知道。我筋疲力盡了，迷失了。失去了心愛的音樂家丈夫，我無法接受他是個病人。」

年輕的再問：「丈夫死後，你所有的音樂會都演奏他的作品，這是讓你的音樂家丈夫回到身邊的一種方式嗎？」老的答：「是的，也許。」這時音樂響起。老克拉拉側耳傾聽：「這是舒曼的曲。Robert，是你嗎？」

此時此刻，他們在音樂中相見了！

Maren 曾為老友們演出這個木偶劇，她和朋友分別飾演老年和年輕的克拉拉，由女兒負責彈琴，「木偶聽懂了音樂」，現場觀眾 12 人。為了這次演出，她讀了大量的書和資料，寫了劇本，和朋友自製木偶，足足用了半年時間來籌備！

無人能樣樣兼得

Maren 認真鑽研克拉拉的人生，她想探索作曲家舒曼夫婦的內心：「他們的婚姻一度令人羨慕，但藏著複雜的掙扎。因為音樂，他們相愛相守，但是現實生活卻容不下太多的音樂。」克拉拉是鋼琴家，她想演奏，但才華傲世的舒曼婚後希望妻子只做一個傳統的家庭主婦。然而，克拉拉是思想開闊的女人，有強烈的個人追求和興趣。後來，精神崩潰的舒曼被送入療養院。期間克拉拉沒有去探望他，直到他去世前三天才出現。「長期照顧身患重病的伴侶，其實相當艱難，估計她再也難以負荷了。」Maren 同情克拉拉，「有說她是魔鬼，有說她是天使，我覺得她只是個出色的女人，但是要得太多。人若想得到一切，那是不可能的。無人能樣樣兼得，總會失其一二。」

Maren 自年輕時就有這樣的覺醒，向來主次分明。讀完醫，原本有很多機會去醫院當醫生，但考慮到三個孩子，對她而言最好的選擇便是做預防醫學，不用擔心要自己找病人，也不用值夜班，能夠兼顧家庭。「我很幸運找到這完美的工作得以平衡家庭和事業。」

退休前20年教人如何退休

Maren 以前工作的公司是製造煙草機器的，她作為駐廠醫生主理疾病預防，關顧著3,000員工。譬如檢查日常是否戴口罩、戴手套，有無正確使用化學劑，同時提醒他們勿吸煙、多運動，負責任地照顧身體。

實際上，對於退休前的準備，Maren 比一般人更駕輕就熟——早在退休前 20 年她就開始在教人如何準備退休。公司福利好，定期為即將退休的老員工舉辦工作坊，教他們如何準備日常營養、運動、娛樂的安排，Maren 45 歲便開始擔任這類工作坊的主講人。「對不起，我不夠老，還沒有足夠的經驗，但是我會學習一些知識分享給大家。」她鑽研老年的種種，了解身體如何退化，器官如何運作，「長者新陳代謝慢，對藥物的反應較大，吃藥的份量要減少，不能像 17 歲那樣的劑量。」隨著年歲與日俱增，Maren 面對老化這件事亦是越來越具「資格」了。

她 62 歲退休了。「頭六個月，我四處觀望可以做些甚麼。也許有人覺得自己工作了一輩子，難得退休了，只想無所事事在家裡歇著，但其實每天坐在家裡看電視會老得更快！」有個慈善基金會邀請她做導師培訓義工，計劃的理念是由「初老」（young-old）探望「老老」（old-old），小組有 20 多位退休族，每週上門探望更高齡的獨居長者，為他們孤寂的生活帶來朝氣。

「如果我們這些有充裕時間的『初老』都不去關顧他們，還會有誰會關顧他們呢？我們現在有能力，距離 85 歲高齡還有整整 20 年，這 20 年的時光，可好好地善用。」

⬦⬦⬦ 死亡是生命最後一個秘密 ⬦⬦⬦

Maren 作為義務導師，每個月培訓義工，她所教都是經驗之談：老人與年輕人一樣有價值，一樣重要；要學習明白長者

常見心理問題、身體疾病；要懂得和他們討論如何安排日後的善終⋯⋯她尤其強調，義工要找到長者有甚麼真正的需要，學習聆聽。「這要訓練耳朵，不只是聽到話語，更重要的是言外之意。」她舉例說，當患認知障礙症的老人傷心地抱怨說女兒怎麼沒來看她，事實上只是她不記得了。但即使你重複解釋昨天女兒才來過，她也不會聽得進去。但是怎麼辦好？抱怨背後的真正原因是因為感覺太孤獨。如果你此時牽住她的手說：「我知道你感到很孤單。」往往回應她當刻的心情勝於澄清真相「女兒剛剛來過」。

Maren 觀察到，義工探訪完要走時，長者有時會留義工再多待一陣，說了一個小時，接著再一個小時，還有很多話要說⋯⋯這個時候如果義工走了，事後又會往往內疚。Maren 提醒義工：「就算留24小時也無法完全滿足他們，你可以決定你要付出多少時間，要學會設定人與人之間的健康界限。」

「以前我以為自己無所不能，到了75歲，看清楚年齡的限制：有時做事達不到自己的期望，反應不如從前那麼快，這種狀態造成了一些壓力，一度有危機感。」疲累感卻帶來新的領悟：進入老年，不得不承認並且接受，真的會失去一些東西。「但本來你不可能得到一切，人生總

是有得有失。」後來，Maren 放棄再擔任義工導師，轉為接濟敘利亞難民，幫助一個家庭在德國團聚，為他們找了房子，處理大量繁瑣的文書事務，這依然是她樂意並且力所能及的。

另有一份義工服務她已持續十多年並決定繼續下去——在寧養院或者上門陪伴臨終病人。臨終關懷是一種關於「陪伴」的終極體驗，「這種陪伴希望能夠分攤那麼一點點病人和家人肩上的重負。」一個人彌留的時候，甚麼也無法做，十分無助，在這些時候，語言變得不重要了。「此時你坐在他的身邊，靜靜陪著他，有時候緊握他的手，給他滋潤一下嘴唇，或者拿開沉甸甸的毛毯。」安靜帶來莊嚴。大多數時候，Maren 只是安靜地坐在一旁，全然投入那個靜穆的時刻，有時候想像

當下病者心中所想的會是甚麼，她盡量讓自己的心中浮現美好的意念，禱告、讀詩、祝福……「這些過程需要很多能量和力氣，送走了一個人之後，我有時變特別平和，有時也會感覺非常沉重和難過……」

Maren 對死亡印象最早是在八歲那年，看見母親為彌留的外婆清潔身子換好乾淨的衣服，外婆靜靜地躺著，四周點滿蠟燭，「這一幕莊嚴而美麗。」還有次在寧養院，一位女士停止呼吸的時候，容顏肅穆而優雅，「看起來像女皇。」

「死是每個人必經的，生命就像彩虹那樣，那麼美，來到地球上，但是總有一天要離開。也許身體和靈魂組成的『自我』消失了，也許我轉化為新的物質，春

生命就像彩虹那樣，那麼美，來到地球上，但是總有一天要離開。

去秋來，大自然一直在變化。我相信，我死的時候不會迷失——生命是豐足的，我相當滿意。」望著桌子上的木雕作品「死神」，她低語：「你聽，死神溫柔地說：你可以信任我。」

死亡好像是一扇門，一扇關著的門。生命是一條很長的路途，到了這個門口，最後一步，只能獨自走下去。你可以陪伴病人走到最後一程，但卻無法跟隨。他們如何跨越最後一步，而門後又是甚麼呢？「這一步，對我來說是一個謎，我們無從得知。但生命本身就是一個奇跡，死亡有一種神秘感，是生命最後一個秘密，有一天，我也會解開這個謎。」

和 Maren 道別時，她正趕去為難民家庭解決事情。只見她輕巧地登上單車，「嗖」地一聲從微斜向下的路一路衝，背影很快消失在暮色中。

老友不怕

Ageing Gracefully

步入老年，你的身心經歷了甚麼變化？

有時候我會腳痛、骨頭痛；皮膚變得乾燥，跑得比以前慢；因為視力不好，我不再滑雪和潛水了。聽力差了，如果一大堆人一起說話或者背景太吵我會聽不清；我更加健忘了，程度超乎預期；將要做的事情記錄在日程表上，但是最後連日程表都忘記看……我發現了這種種，這令我領悟到甚麼是退化，好吧，我真的在變老，但是我可以做甚麼呢？我只好調節一下角度，接受年紀大真的會失去一些東西。但我向來好動，現在也依然好動，每天騎單車，我還喜歡步行、跳舞和游泳。

這個階段的得失是甚麼？

步入老年，我們確實失去了很多，但是也得到很多新的東西。身體會退化，腰酸背痛，腳不能跳，做事情會越來越吃

力，越來越慢，但你要懂得察覺到這些變化。對於你自己是誰，要有一種新的想像力——不再是年輕女子，成了阿婆，並且要與病痛相處，但這並不意味著我感到孤獨、軟弱或者被孤立。當然在衰老的同時，必須放棄或減少某些活動，例如做運動，大型聚會和我心愛的職業。不過，目前這些都被重要的新活動取代了。有時候，和小孫女一起衝來衝去玩著，會全然忘記我有副老骨頭。可是過了一會，我就感到「沒電」了，真是經不起折騰啊。雖然行動無法像年輕時那麼快速，但比年輕時有更多的時間和空間去反思自己。

年老對你來說最大的考驗是甚麼？

這是一項挑戰和艱苦工作。你必須面對身體和心靈變化。對我來說，最嚴重的是放棄我的獨立性，例如住老人院，吃

飯、上廁所都要依賴他人，但我會學習如何不失個人尊嚴地自主生活。

這個年紀甚麼令你快樂？
因為我還是比較健康，有時間有自由去選擇做與不做一些事。例如和孫女玩、度假、做義工，能夠完全掌握我人生中的安排是很棒的，無人去管我應該做甚麼。

你內心感覺幾歲？
79歲，我覺得已經活了很久了。我不想錯過以往年歲的任何一個經歷——是那些經歷塑造了現在的我，因此覺得自己就是79歲。

你怕老嗎？
我不怕老，只怕患上認知障礙症。沒人確實知道腦退化的人是如何想的，但是他們的感受很細緻，其實甚麼都知道。

你怎樣看待「老」？
年輕時精力充沛喜歡向外面探索；當你老了，力氣不再了，愈發懂得甚麼是重要的。當你老了，你才有時間發現自己內心被掩藏的那部份，連你自己都不知道的一面，而老年，真正是一場歷險。總體而言，老了真美妙，當我搭車時，年輕人站起來給我讓座，我感到很自豪。年輕時我也是如此給老人家讓座的。有次我實在太累了，於是理直氣壯地對一位年輕人說：「我想，你站著應該比我更容易一些？」他欣然給我讓座了。

「對於長久的關係，身體接觸很重要。時不時揉一揉臉，摸一摸手，透過這份溫度和觸感來傳遞彼此間的心意。在老年，保持有愛與被愛的感覺太重要了。」

Siems Siemssen & Monika Siemssen

「當一個人老得比另外一個快，他們都為對方調整自己的步伐。Siems 一直很想去一趟亞洲追尋家族的歷史痕跡。」

一起變老

觸得到的溫度

Siems 和 Monika 75 歲那年恰好結婚 50 年，辦了一個大派對來慶祝「金婚」。邀請 90 個賓客，當中有 40 位家庭成員，四個兒子的家庭，總共 11 個孫。二老攜手走過半個世紀，情如金堅，歷久彌新。

1961 年，他們都是人學醫學院的高材生，在學生會的活動中相遇，風華正茂，在彼此心中留下了印象。當時各自有伴侶，後來先後分手了。重遇時可謂同病相憐——兩人都單身，兩人都剛剛失去了父親。他們在相處中格外惺惺相惜，剛戀愛便篤定要結婚。

當年 Monika 問 Siems：「你為甚麼想娶我？」Siems 說：「在生活中難得遇到比我反應還快的人，你就是我一直要找的人。」聽完這個答案，她很滿意，從此沒有再問這個問題。

◇◇◇◇◇◇ 一個女人和五組飯盒 ◇◇◇◇◇◇

19 歲的 Monika 曾猶疑自己是不是真的喜歡學醫。當時她的父親說：「你不妨再讀一年試試？」可是沒隔多久，父親就去世了。Monika 想：「時間不多了，我要快一點工作，不可能再轉換我的專業了。」

「也許我會學日耳曼語言文學。」她回想起來，年輕時確實沒有機會好好想過這個問題。她曾想過做不做精神科醫生，但婚後 Siems 開了自己的診所，每天工作 12 個小時，連週末都要出診，一個星期工作上百個小時，堪稱工作狂；而他們的四個兒子相繼出生，Monika 要兼顧家庭和診所，分身乏術，忙到沒有機會考慮自己

的夢想了——家庭成了她的重心。

四個孩子年紀尚幼時，忙得不可開交，曾經請人協助清潔。但他們不希望病人的病歷私隱有機會被外人看到，也不習慣鎖抽屜，於是 Monika 獨攬了所有家務。她有一雙靈巧的手，做事快人一倍，總是將家人放在第一位。有次，Monika 母親來看他們，結果得了傳染病，她毫不猶豫將母親安頓在閣樓隔離，防止傳染給孩子和丈夫，堅持由自己在旁照顧母親，直到她病好。

一個女人為五個男人打點生活，外加一份全職工作，可謂三頭六臂的能耐！每週末，Siems 負責外出購物，Monika 用一整天的時間煮飯，準備好整個星期的午餐。四個兒子必須自己決定下週想吃甚麼，Monika 和孩子一起構思新一週的餐單，製作甚麼樣的（不同的）食物和分量：當然每天再根據各人課程、胃口、身心狀況微調。家裡有個二米高的大雪櫃，五個男人、五組飯盒，每天菜式不一樣。

他們培養孩子們自小就獨立自理，負責清潔自己的房間。新屋裝修時，五個壯丁一起鋪地磚、自己造家俬、書架、衣櫃、床……一家人一起動手建造家園。男孩們訓練有素，廚藝了得，「就像我年輕時候一樣，他們都很喜歡烹飪。兒子

們結婚後，廚藝都比太太們好。」這點令 Siems 格外自豪。

十年前，Monika 和 Siems 搬入同區小一點的地面樓層公寓，「年紀大了，公寓小容易打理一些，也方便。」至今，他們還十分懷念住了 30 年的老屋：「搬走之後不敢回去看，不忍心變樣了，那裡有很多美好的回憶。」當年賣屋的時候，他們對買家精挑細選，確保要找到一個會善待房子的人。後來兒子的好友有興趣買下，他們欣然以低價出讓，慶幸老屋有了好主人。

◇◇◇◇◇ **不能缺少的加大床** ◇◇◇◇◇

Monika 年輕時有種高貴冷艷的氣質，卓爾不群，給人一種神秘感。她打扮很潮，

很愛跳舞，有時候還跳通宵。但結婚後，她從未化妝。為了做家務方便，也從不穿金戴銀，連戒指都取下，她不愛購物不愛逛街，只喜歡花。她甚至沒有閨蜜女友傾訴心聲，「根本無時間閒聊，而且家中全是男人，無人可以說話！」她說時一臉笑意。

Monika 打趣地說：「我到現在都不清楚為甚麼會嫁給這個人呢！」她有次氣壞了，衝出了家門。見 Siems 沒有跟來，她打電話回家宣布：「我現在準備要跳下河了！」「你跳吧。」電話另一端的 Siems 氣定神閒地說。她一聽更氣得七竅生煙。Siems 說，其實他接電話的時候已從窗口望見她躲在電話亭，距離一個街口左右，安全得很，所以才口出「狂言」。

另有一次她被惹得火冒三丈，趁 Siems 換好衣服準備出診時，她將番茄醬噴到他身上。孩子們嚇壞了，以為是血跡，「媽媽真的殺了爸爸了嗎？」Monika 頓時哭笑不得。

「生氣無用，不噴都噴了，去換衣服就是。」Siems 識趣默默去換衣服希望息事寧人，「老婆生氣的時候不能控制的，要讓她好好發洩一下，等幾分鐘就沒事了。這時甚麼都不要討論，沉默更好。」這聽起來真是男人應對盛怒妻子的生存之道。Siems 是位睿智的紳士，他很明白夫妻之間不需要爭輸贏或者上風，懂得妻子是個急性子，知道適時退讓和時時包容。

他們彼此之間既有摯友的情義，也有情侶的愛意，偶有爭論卻不傷感情。說起這些往事，老夫婦笑個不停，一時十指相扣，一時你摸一下我的臉，我親一下你的額頭，卿卿我我，實在羨煞旁人。

有時候兩個人都戴著眼鏡卻都在找眼鏡，然後互相笑對方。他們一起變老，但依然感覺被愛，明白對方感受。Monika 一解感情保溫之道：「對於長久的關係，身體接觸很重要。時不時揉一揉臉，摸一摸手，透過這份溫度和觸感來傳遞彼此間的心意。在老年，保持有愛與被愛的感覺太重要了。」

「這是我變老了的 Papi 嗎？」Monika 輕撫著 Siems 的臉，甜蜜得快要融化似的，她滿意地說：「嗯，這一種溫度，一種很熟悉的感覺，這就對了。」他們相信肌膚之親對保持美好的婚姻十分關鍵。

很多老年夫婦都分房睡，甚至不少年輕夫婦有了孩子也會分開睡。但50多年來，他們必定同床共枕，每次搬屋都會自己打造一張特大的床。就連旅行入住酒店，也是要預定加大床。即使酒店只有兩張小床，再小的床也要擠在一起睡，蓋同一張被子。如果其中一個人看書看到很晚，就自覺地用枕頭擋住光。

對於50年的美滿婚姻相處之道，Siems 的答案十分理性：一段關係需要學會平等、責任、原諒，任何問題當日解決，不要有「隔夜仇」。「相似的品味和喜好非常重要。另一方面，正面的、富有建設性的差異可能是有趣的，沒有甚麼比終日看著鏡子中自己的面孔更無聊。」

「我通常做到85分就滿意，她是個完美主義者，希望做到99分！」Siems 笑言，這是他們最大的不同。「我們都只是半個人；我們需要另一半來成為一個人。

清一色的黑色

志同道合、息息相通、志趣相投……幾乎所有關於合拍的詞彙都可用來形容他們的關係。二人都崇尚極簡主義，家中一片光亮，白色瓷磚地板，白色牆，沒有多餘物件。家具幾乎都是自己手造的，Monika 出主意，提出希望家裡的東西如何收整，Siems 就會仔細研究，去找到最合適的配件，再親自設計、打造家俬，往往簡潔又實用。

他們都非常惜物，追求持久耐用的好東西，絕對不好快速消費。家中的沙發用了46年，碗碟用了40年，孩子的三輪車用了25年——從大孫女時候開始，那麼多個孫都用過，就連鄰居街坊的孩子也從小玩到大，還是嶄新如初呢。Siems 喜歡買吸塵器，研究出一個丹麥的品牌，送給兒子每人一個，大家都讚不絕口。

就連審美品味都非常相似，選擇衣服、車、地毯都很有默契。有一次，三兒子學校開家長會，老師如夢初醒般說：「我終於明白了，為甚麼你們孩子在美術課上畫畫只用黑色，原來你們總是穿著黑色！」工作的時候 Monika 清一色穿黑色，Siems 清一色襯衣，不打呔絕不出門。有次鄰居說：「昨天見到你在某某地方出現，居然無打呔。」Siems 一口否認：「不可能！未打呔的人絕不是我。」後來才記起果然是自己，因那天恰逢週日緊急出診來不及打呔。

他們都喜歡照顧兒孫，Monika 對11個孫的生日記得清清楚楚，孫子們騎單車全

部由 Siems 教的。暑假孩子們來玩水，一個月的水費相當於兩老一年的總和。當孫子也長大了，他們常幫鄰居照看孩子。二人以前對兒子的教育理念很一致：讓孩子自由發揮，從不過問孩子考了多少分、功課做完沒有，從來不懲罰孩子。他們任孩子自由發揮音樂的興趣，四個兒子小時候有自己的音樂房練習樂器。Monika 生怕影響了別人，特意問鄰居：「會不會吵到你們？」怎料鄰居高興地說：「當然不會，很棒！我們都不需要自己播放音樂了！」每年，家中有兩次「無家長音樂節」，讓兒子們邀請同齡的孩子來玩音樂，兩夫婦會特意「消失」到外面住，好讓年輕人有自己的天下，其中一位愛唱歌的女孩後來成了歌星。

「我唯一就是不希望他們做 Banker，除非能夠證明那些錢是絕對乾淨的。」這是 Siems 的堅持。四個兒子有兩個當醫生，一個是歷史學家，一個做商人。有一次週末的家庭聚餐，聽到大兒子說「儘管你們從未開口告訴我們應該做甚麼，但反而讓我們目標很清晰，更知道你們期待著甚麼。」Siems 聽完愣住了，頓時吃不下飯。他一直以為自己和 Monika 對孩子是放養給他們無限自由的，那刻才恍然大悟：身教遠勝於言語，難道我們無形中營造的氣氛太嚴厲了嗎？我們是不是應該給孩子更多的關注？所幸四個孩子

都有美滿家庭，在他們回顧起來可圈可點的教養方式，其實還是無傷大雅。

◇◇◇◇ Papi，我會記得你嗎？ ◇◇◇◇

很多人說夫婦不該一起工作，但是這夫妻檔卻合作無間。Siems 退休前是一位內科醫生，Monika 則是普通科醫生；以他們的精力和工作熱情，為何不繼續做私人執業呢？

「醫學科技發展日新月異，以前我時常聯絡漢堡的醫學院、大型救護站掌握最新情報，當我從前線退下來，日漸跟不上最新的研究和尖端科技，從病人角度，我覺得應該結束從醫生涯。」Siems 退休前一年半，他們物色接班人接管他的診所，以及接手他們一千多個病人。

作為普通科醫生的 Monika 比 Siems 早一年半退休，出於為幾位年輕接班人著想。「如果我們兩個都駐診，新來的醫生一定無人問津，這樣他們可能會感到不舒服。」因此 Monika 提早離場。

然而，那一年半的日子對 Monika 而言是可怕的，Siems 一早出門工作，四個兒子都成家立室，空巢婦人的孤獨感空前襲來。另一邊廂，Siems 則過上了從醫以來最艱辛的日子。以往所有對他來說的「厭

惡性」工作——行政瑣事都是 Monika 一手包辦。她精明幹練，跟進處方、病人的檢查報告一絲不苟，就連病人的名字她都能記住，省卻 Siems 翻查的時間，實在是他不可或缺的左右手。

Monika 度過一年半煎熬後，終於等到 Siems 正式退休，他們的生活又同步了，有很多優質的時光在一起。

午後，Monika 展開信紙作詩、寫信，配上 Siems 拍的照片。Siems 捧出一本老相簿追溯家族故事，相簿上刻有 1911 年字樣，一翻開，裡面的照片簡直可以做中國近代史的教科書。父親 21 歲的時候從祖母那裡得到這份傳家相簿作為禮物。1961 年，父親去世前交給了 Siems。

Siems 的家族一半是醫生，一半是商人。曾祖父的哥哥 Georg Theodor Siemssen 1846 年在廣州創辦遠東貿易公司禪臣洋行（Siemssen &. Co.），是最早在廣東創立德資洋行的德國人之一，1855 年業務擴展至香港。而祖父 Gustav Theodor Siemssen 曾任德國駐福州領事，是位著名茶商，在福州創辦禪臣洋行（Siemssen & Krohn），出品甚至成為皇室用茶。

二人都是 1941 年出生，當一個人老得比另外一個快，他們都為對方調整自己的步伐。Siems 一直很想去一趟亞洲追尋家族的歷史痕跡。但是心中放不下 Monika，「我盡量不出遠門，不想留下她一個人太孤單。」Monika 雖然身體不適，但還是硬撐陪著他去了趟日本。看著深愛的人老去很不是滋味，Siems 心中

藏著一份無奈，Monika 思維一直相當活躍，以前很愛走路，近年活動力不太好，有脊椎問題，常常骨頭痛，無法走很多路了。眼睛和耳朵都不太好，也不能開車，大部份時間只能在家裡坐著。「對她來說是個折磨，我理解，原本行動力很強的她那種被困的無力感。

原來，機敏的 Monika 自小就只有右眼看得見，只有左耳聽得到。十年前左耳聽力只剩下40%。她說，聾比盲更可怕，當你連問題都無法聽明白，更勿論與人對話了。「視力不好，無法看書了。也不能走得快，感覺像坐牢一樣！但我明白身體行動力會有限制，哪怕無法自理都

可以接受，但是認知障礙症最可怕，你會記不住任何重要的東西……」

Monika 深情地望向老伴：「Papi，我會記得你嗎？」

Siems 親了一下她的額頭：「那是毫無疑問的，我親愛的寶貝。」

如何適應退休生活？

這是個有趣的問題。很多人說：「你平時工作忙碌，退休突然停下來，如果不想感到不適應，那麼平日要準備一些業餘愛好，例如網球、玩牌等。」其實，我甚麼業餘愛好都沒有，我不運動，每年大概只有三星期的假期。但我認識很多病人，他們使勁玩高爾夫、陶醉地打牌，卻依然病快快的。我觀察到一些人平時工作悠閒，退休後反而周身不舒服；而那些滿世界出差、工作節奏快而充實的人，退休後卻沒有一個出現問題。

退休後，你的得失是甚麼？

只要身體好，甚麼都可以做。老年的時間充裕是一大收穫，可以去發掘小事，我們照顧幾個生病的年長老友和親戚。有的剛剛做完手術，有的行動不便。以前要照顧工作中的病人，沒有這樣的時間可以關顧他們。現在甚至有時間去幫忙照顧鄰居的孩子。當然，對 Monika 來說，活動力差了，有時候骨頭痛關節痛。我盡量不去太遠，不想留下她一個人太孤單。

我以前對自己要求高一些，確實有些太嚴格、太規行矩步了。現在更寬容，更具彈性，懂得放鬆，退休後才開始穿牛仔褲等休閒的衣服。50年不變都是穿皮鞋，從不穿運動鞋，以至於穿了運動鞋不懂如何走路。

如今比以往更快樂，雖然我向來熱愛工作，但是以前有種迫不得已要一直待在診所的感覺。而現在，多了很多時間做自己喜歡的事情。退休前每年只能看兩本書，而且都只能在聖誕節和假期的時候看，現在可以讀很多書。我喜歡具有歷史、政治和哲學性的文學作品，有時也喜歡讀小說。

步入老年，你的身心經歷了甚麼變化？

我一生未曾弄丟過鎖匙，手機、錢包、護照，所有重要物件全部放在固定位置。我從來不需要思考鎖匙在哪，因為總是在那裡。但兩年前，發現自己開始健忘，有次甚至非常震驚自己找不到鎖匙了！健忘是一種變老的跡象！以前一家六口一起生活，我負責外出超市購物，完全不需要購物清單，現在只是買兩個人的東西都要記下來，真的是新的體驗！我的生活習慣也變了，以前每天20枝煙，不吃早餐，吃片朱古力喝杯咖啡，下午才吃第一餐，每天工作12個小時，12點前不睡。退休後三餐定時，晚上十點睡覺，但三點就醒來了。

你內心感覺幾歲？

我現在76歲，也許感覺比實際年輕一點點吧。不過也很難說，當我幫鄰居修剪花園，攀上爬下的時候，鄰居說：「我到了你這個年紀肯定做不到。」而我身體算

是很好，當然有時候我的血壓稍稍偏高一點，但調節一下，很快就沒事，我一粒藥都不用服。

你怕老嗎？

不怕，這是生命旅程的一部份。

你怎樣看待「老」？

這說起來有意思。我剛退休四、五年時，孩子也不需要幫甚麼，也不再需要帶孫了。突然，我覺得自己不再需要存在，我的工作順利完成，孩子都長大了，孫子也長大了，都不需要我了，為甚麼我還要存在呢？我對人生很滿足，沒有後悔和懊惱，就算今晚就死，也沒甚麼不好。那時候我有疑問：為何我要存在？我這個人似乎無用了。為甚麼我還需要長壽？琢磨這些問題時我沒有難過也沒有沮喪。當然我還是很熱愛生活，也想一直和 Monika 一起。

「那個時候他甚麼都沒有，我也沒有甚麼。但是我那個時候就感覺到了，跟這個人我們可以一輩子在一起。」

Age 87&69

關愚謙 & 海珮春

「與伴侶關係好，是寶
貴的，也是最重要的事
情。這麼多年兩個人一
起生活到現在還是覺得
很高興，這是一個美好
的恩賜。」

再相遇　我們一定會

每次到關愚謙老師家作客，總是不小心丟了「淑女」儀態。飯菜實在美味，一不留神吃得狼吞虎嚥，連碟子都要啃掉。在德國能夠吃到地道的中國住家飯，實在太有福氣。有時珮春包餃子，關老師還親自做蔥油餅，真的一點不像身在德國。

看著我連吃兩碗飯，關老師格外歡喜：「這個小孩餓壞了！要不要再來一碗？多吃，多吃！我看著高興！」他放下筷子看著我。「你這樣盯著人家，搞得她都不好意思吃了！是不是啊？」珮春溫柔地說著，又給我添了半碗飯。

◇◇◇ 「老」這件事並非老了才打算 ◇◇◇

關老師和珮春住在漢堡美麗的阿爾斯特湖畔，走到湖邊只需兩、三分鐘。湖前是大片草地，古木參天。繞湖一周大約三小時，他們經常手挽手散步。

這120多年的老房子甚麼都好，房東也好，一租就是40多年。樓上有兩個小孩子，「咚咚咚」跑來跑去，很有「震撼力」。「我們不怕吵，有點吵更好，我們很喜歡他們跑來跑去有活力。」珮春笑著說。美中不足就是沒有電梯，如此老樓加裝不容易。他們以前考慮過，將來有一天年紀大到不能爬樓梯，也不能搭飛機，要住關老師的故鄉上海，還是住柏林？「上海很容易找護理員幫助，但後來權衡醫療條件，還是回到德國比較踏實。住在城市非常重要，漢堡像個農村，沒甚麼人，太安靜。柏林街對面就是菜市場了。我喜歡熱鬧。」珮春說，幾年前在柏林買了房子，布置得十分摩登，從停

車場坐電梯回到家中廁所，全程都是無障礙。

他們討論過和好朋友住在一起，在大的房子裡各自有自己的房間，一種不依靠任何機構的形式，過一種更像家的生活。「很多60多歲的人都聽 Beatles、Rolling Stones，將來的老人院應該有搖滾和流行音樂，而且要住在市中心。80歲還想聽歌劇、開車，社交很重要的。」

對於「老」是怎麼一回事，並非關老師感興趣的範疇。「我沒覺得自己老！過去30多年，每星期一篇文章，絕不中斷。如果我告訴你這三個月做的事情會把你嚇壞：我們在中國各地大學演講，跑了北京、上海、杭州、潮州、香港、寧夏……每個地方待數天、一個星期，馬不停蹄

一點不覺得累！」關老師自豪地說。

「『老』這件事，不是老了才開始想。年輕時如何生活一定影響老年。我媽媽的老年給了我很多啟發。」珮春說，媽媽90歲，摔倒前還一個人生活，88歲自己旅行，將自己的花園打理得很好。她摔了一跤之後，走路困難，被迫離開自己的家，搬去和大女兒住。甚麼都是別人安排了，姐姐甚麼都不讓媽媽做，她怕媽媽又會摔倒。有一次媽媽問姐姐：「你的父母是誰？」姐姐非常難過。原來媽媽患上認知障礙症，以前對好多事情都有興趣，年紀大了就沒有了。以前愛音樂，後來聽音樂覺得吵死了；以前媽媽很溫和，處處與人為善，後期有客人來訪，她直接說「煩死了」。「社交生活實在太重要了，人一定要有一些自己喜歡的興

趣、活動，不然退化得很快！」珮春強調。

如果有人問珮春：你怎麼樣？她一定回答「我很好」。「有些朋友雖然比我年輕但是得了病，走不動或者已經走了。所以我覺得我們很幸福。我們還一直活得這麼好，這是一份禮物，要感恩命運。我一直跟愚謙說，我們要好好地享受每一天的生活。不管有甚麼小問題，有甚麼困難，但是我們基本的情況是很好，所以我總是回答『我很好』。」

◇◇◇◇◇◇ **這就是老了嗎？** ◇◇◇◇◇◇

關老師一頭銀髮，白得優雅。他的舉手投足總是風度翩翩，實在是個太有型的老帥哥。珮春說，也許因為天天在一起，不覺得老伴樣子有變化，更沒有想過他

也老了。

她發現關老師以前思維很快，甚麼都在腦子裡，完全不需要記下來。後來要老老實實做筆記了。有時他記不起某個名字、某個日子就容易著急，氣壞了。珮春會提醒他：「看，你現在著急了。這與你的年齡有關，也無所謂，很自然的。」車庫還有一輛汽車，現在他很少開了。她不想讓他再開車，「畢竟要承認年齡大了，有些反應不夠快。」

二人都很喜歡開車，一直會看誰走得快，就由誰開。「以前每次都是他走得快，所以他開車比較多，氣死我。當他超過80歲，咦，他走得比我慢了，我越來越快，所以我搶先了。」這幾年，珮春發現自己總是走在關老師前面了。

珮春說，中國有尊老文化，巴士上都有讓位，他們過海關時只要說自己80多歲，就可以走捷徑通道，「年紀大了似乎有好處。」而德國就不會特別給老人禮讓。「德國老人太多，比年輕人還多，就算給你開了特別通道，也是排長隊。」珮春的幽默感很強。「不過中國領導人上了年紀的也沒有太多白頭髮。為何都要染頭髮？因為誰都不要看著自己變老。如果突然讓位給我，我會不知所措，我有這麼老嗎？」

她記得30多歲的時候參加中學畢業20年後聯歡，一入門，一個個都不認識。「他們都變了，只有我沒有變。怎料他們也看我半天，問道：『你是誰？』哈哈，我才發現，我也變了。你自己覺得你沒有變，但是人家都覺得你變得很厲害。年輕時候覺得誰超過30歲就老了，沒想過現在自己都那麼老。」

珮春年輕時長得特別清麗嫻雅，老來亦是端莊如故，她是從體重來感受自己步入了老年。「人老了一個很討厭的情況是變胖，我發現年紀每大五歲，體重增加五公斤。以前都是51公斤，40歲後55公斤，喲！這麼重！50歲的時候58公斤。60歲飆升到65公斤。告訴自己要注意吃少一些，但是一下子又忘記了。於是，有一些襯衫扣不上了。」幾年前去希臘旅行，有一張風景照片在希臘古城拍的，

珮春估計是關老師拍得不好，怎麼有一個胖胖的女子背影擋住了古城風景。「仔細研究了半天，這女子穿的衣服怎麼跟我一樣，原來這胖胖女子是我！」二人笑了又笑。

◇◇◇◇ 生活中不可或缺的另一半 ◇◇◇◇

「我一躺下去，她就睡著了。我正在想著，她這麼快睡了？然後我自己也很快睡著了。天還沒亮，我突然想到了新的點子，我會叫醒她，興奮地說一通。等半夢半醒的她終於差不多被吵醒，我就該睡了！」關老師每天都送給珮春一些樂趣。珮春是位賢妻，一大早起來準備早餐。關老師每天清晨運動40分鐘，聽著揚琴甩手，聽著古箏做按摩，聽著《春江花月夜》做氣功，最後用《二泉映月》做放鬆。

然後，二人聽著莫扎特或者舒伯特樂曲在露台上吃早餐。

「珮春啊，你怎麼不做運動呢？」
「如果我也做運動，那誰做早餐？」
「那我來做早餐吧。」
「你做的不好吃！」
「你只會做中國菜。而且是我教的，結果青出於藍！」

珮春16歲得過腎結石，差點沒命，每五年都會復發。開刀特別難受，「要多喝水多喝啤酒。」20歲認識了他，漸漸學會了做中菜，身體自此很好。

當年20歲的珮春甜美聰慧，遇到帥氣多才的關老師，一下子被這來自中國的中年男子吸引。「同齡年輕德國小伙子說得

好聽，但是沒有甚麼生活經驗。他卻閱歷很豐富，見識很廣。」那時候的德國年輕人在一起探討政治、喝酒，喝酒後才放鬆。如果開玩笑，就會被嘲笑怎麼那麼囉嗦。喝醉了也不一定會送你回家，因自己都醉醺醺。珮春感覺與中國人一起比較健康。那時候的中國大學生學習用功，一出來就跟孩子一樣，暢快大笑，投入地玩，「吃吃吃，很放鬆。」

珮春在北德小鎮巴德奧地斯洛長大，全鎮15,000人，父母的親戚朋友，來往的人不多，她常感到孤清。而關老師很會呼朋喚友，家中常常高朋滿座，學生坐滿屋子。「我也很喜歡這種熱鬧感。我們

最喜歡年輕人了。退休前，每週都有學生來家裡做客，最高紀錄一年招待了170多人！」

當年德國年輕姑娘和中國中年男子，一開始就沒有異國文化差異的衝突嗎？「因為一開始其他的困難太大，是關於最基本的生活問題。例如，能否在德國待下去，能不能找到工作。當這些大問題解決了，其他別人眼中困難的部份，在我們看來就是小事。」珮春說。

1977年夏天，二人去東南亞旅行路過香港，27歲的珮春駐足白色小屋前，「婚姻註冊處」幾個字激發了她的閃婚念頭。

「在德國結婚要各種證明，他連出生證都沒有。香港的手續快捷便利，只需要兩位證婚人。」他們決定在香港結婚。

不過，離結婚註冊沒有幾天了，在香港又無親友，證婚人成為難題。有一天，二人走在街上，看到一個背影十分熟悉，大喊一聲「小李」，那人轉過身，果然就是失去聯絡幾年的老友！但是還差一位證婚人。珮春想過，是否要在馬路上拉一個或者在領事館「借」一個呢？就在婚禮前兩天，關老師竟在香港大學圖書館偶遇了德國漢學教授！遂邀請作為女方證婚人。就這樣，他們順利結婚了。

彈指一揮間，她67歲，他85歲。

有次，珮春擔著一張木梯，準備去換燈泡，寫作中的關老師連忙說：「珮春你不要一個人攀爬，等我啊。」珮春「喔」了一聲，利索地攀上木梯。等他趕到時，她已經流暢地將燈泡換好。關老師插腰假裝生氣道：「你怎麼都不等我呀？害得我沒有甚麼存在感了！」「你比我更不適合爬梯。」珮春微笑著走入廚房忙其他事了。

「我這麼幸福，你說怎麼辦？」關老師呵呵笑著對我說，「我是一個大男人，和她訂立君子協定，小事她管，大事我管。最後我發現，和她一起生活40來年，家裡沒有發生過甚麼大事，連在柏林買房子也是小事一樁。主要不是她的錯，是我懶得操心，國家大事和世界大事，還顧不過來呢！」

結婚40週年紀念日，關老師興致勃勃地

說：「要寫寫我們的故事了」。珮春的語氣雲淡風輕：「我們是作家，又不是演員，我們不要寫自己當主角，要寫別人。」關老師一臉情深款款地說：「那我就只寫一句：我倆下輩子還要在一起。」

40多年來，兩人形影不離，和對方在一起依然有種如沐春風的愜意。「這麼多年，如果哪一天沒有在一起過，就會覺得時間有點浪費了。」珮春說，還很喜歡跟這個人在一起。不是因為結婚了，只能和他在一起。而是兩天沒有見，再見到就覺得特別高興又見面了。有的夫婦會分別和自己的朋友去旅行，這對他們來說是不可能的，一定要跟對方一起享受。

◇◇◇◇ 人生歸零　發現深層苦痛 ◇◇◇◇

2017年11月，關老師和珮春來港，我邀請他們到南丫島一游，於寒舍作客。拾級而上直登山坡，關老師走得游刃有餘。一路看山看海，心情大好。那次見面得知他們已經成為素食者。「我特別可憐，老婆為了省錢，不准我吃肉！不過，我在她面前吃素，自己一個人的時候大口吃肉……」關老師又扁嘴又擠眉弄眼地搞怪。珮春一如既往，管理著關老師的生活與健康，溫柔中多了一份嚴格：「不能讓他太疲憊，不能吃太多，也不能吃太少……」關老師意氣風發，沒有人會想到他們的經歷如此驚心動魄。

2016年7月中，關老師發現尿中帶血，一時不想驚動珮春。但一連三天如是，尿中血色漸濃。他只好對她坦白狀況。珮春立即駕車把他送到漢堡醫院泌尿科看急診。確診是膀胱有惡性腫瘤！二人嚇了一跳。為防止癌細胞擴散，醫院馬上安排8月8日一早8點做膀胱切除手術。見珮春忐忑不安，關老師開玩笑說：「八八八是黃道吉日，你知道嗎？」她問：「為甚麼？」他說：「發！發！發！我們要發啦！哈哈哈！」珮春聽後哭笑不得。當晚，主治醫生未有出現，卻來了一位青年助理醫生，告知關老師在切除膀胱後要安接一個尿袋……塑膠管今後每兩、三個月需更換一次……「三個月換一次塑膠尿管，也就是說，一年換四次，我如果還能活十年，就要做至少40次的更換尿管手術，還不算感染的可能。那豈不是

人不因病而死，而是被折騰死，長時間到外地旅行更不要想了！」珮春上網搜尋「膀胱癌手術」，天啊，手術何其複雜，如此大的手術，醫生竟然不事先探望，二人對手術憂心重重。

這時珮春忽然想到了一位著名的印尼華人神醫藍慶民（Dr. Soehendra），於是給他打了電話。醫生說：「如果自我感覺不好，就迅速離開醫院，不要勉強自己，以後再商議對策。」

珮春當機立斷：「快走！」是夜，二人拖著行李箱逃出醫院。第二天給醫院寫信解釋為甚麼跑了，院方馬上回覆並為醫生的失職道歉。關老師感嘆：「又逃過一劫！以前從文革逃出來，現在從醫院逃出來。新的生命又從零開始了。」

後來，兒媳婦建議改吃全素。又問：「有甚麼事令你得這個病呢？」關老師不解：「我一切很好，為何會得癌症呢？我一直很健康，人始終樂觀，哪怕被充軍青海大漠草原、被關埃及開羅的監獄，照樣樂觀地能唱能笑；在德國生活半個世紀，如魚得水，與珮春一起生活非常愉快；在漢堡大學工作近30年，獲得終身教職和大學教授頭銜。退休後我除了退休金外，還拿到國家公務員加倍補貼，發不了財，但可以一直無憂無慮地生活……」

想來想去，找不出原因。最後問到是不是因為文革呢？

一聽到文革，老人家頓時坐在地上嚎啕大哭。「文革」大亂時，人性扭曲，親人間互相批鬥，關老師為自由亡命他邦，冒死拿著日本朋友的護照逃離了紅色的天羅地網，到了非洲阿拉伯世界。誰知因違法入境，被埃及當局拋入開羅監獄，受盡苦難，甚至母親辭世時也見不到最後一面……回憶往事，他為自己、為母親、為前妻一輩子的苦難而揮淚如雨。

「是內心的問題造成了癌症。」關老師恍然大悟。

此後，珮春從早到晚埋首中西書刊堆中，試圖研究癌細胞的起源和治療的可能性。最後她的結論是採用自然療法：吃全素、吃新鮮的有機食物，每天陪著關老師在湖邊散步，又陪他練氣功、打太極拳。起初，珮春樣子表現得很積極，事實上卻是寢食難安。有時深夜起來，獨坐在沙發上流淚。

後來，聽到關老師安慰地說：「我不將自己定義為癌症患者，心情一點沒有低落，癌症也不是大病，沒甚麼了不起。如果你這麼憂愁，對我練氣功反而不利。」從那天以後，珮春打起精神。天天泡在廚房，邊讀書，邊實踐，成綠色蔬食專家。豆類放在碟裡泡，兩天後發出來的新鮮嫩芽，把它和其他沙律一起拌著吃。芝麻、枸杞、薏米、黑木耳、黑棗、亞麻籽等食材，她都可以信手拈來用到餐桌上。

她嚴格監控關老師的飲食，煙酒不可沾，凡是肉類、加過工的甜食，以及煎、炸、烤的，一律不食。兩個月後，關老師到醫院檢查發現腫瘤縮小了大半！又過了三個月，關老師瘦了八公斤，腫瘤找不著了。「如果當天開刀了，真不知道能否從醫院出來，一點生活質量都沒有了。我們膽子大，想自己決定，而不是讓醫生決定。因為即使手術很成功，可能令你沒了生活品質。一想到這樣就不能百分百交給醫生主宰你的生活。如果感覺不好，你就要逃跑！」這是珮春肺腑之言。

他們決定要做自己最喜歡的事：旅遊。足跡很快就遍及北美、南美、歐洲和亞洲許多國家，甚至去了北極，一路盡興地玩。

來生再相聚

2018年3月，他們到柬埔寨旅行後停留香港，獲三聯書店邀請分享亞洲之行。當時珮春在旅途中右腳受傷骨折，打了石膏，拖著沉甸甸的護腳鞋，踏上了講壇。兩人一唱一和，兩個小時的講座，笑聲不絕於耳。次日，一起吃午餐，侍應阿姐們被關老師的氣度談吐，幾度圍了過來攀談，聽到他的年齡，更是讚不絕口。兩老天南地北走天涯，舟車勞頓，未有絲毫疲態。

回到柏林，關老師給我發了一條信息：「謝謝你的友誼。秋天再見，後會有期。」

沒想到此一別成永訣，清冷的深秋，忽聞關老師離世噩耗，深感傷心。

數天後，我讀到珮春給朋友們的信：「雖然幾天之內他變得越來越虛弱，但是他一點都不難過，卻感謝老天爺給他安排一個這麼有意思的生活。最後兩天兒子從上海趕過來，讓愚謙特別高興。他死的時候就睡過去了，沒有甚麼痛苦。我當然感覺很難過，但是也覺得他這樣走了也很幸福。」

珮春為關老師建立了一個群組，邀請好友們一起抒發懷念之情。「我們在一起48年了，結婚41年，沒有他，我怎麼受得

了。我最愛的一個人，最熟悉的人突然間不在我身邊，而且永遠不會回來，我都不知道怎麼活下去。還好，最近這幾天我收到好多你們的來信，安慰和支持我，提供幫忙，讓我非常感動。愚謙有這麼多的朋友，得到這麼多尊敬，友誼，感情，我突然感到很幸福，跟他在一起這麼多年，因此覺得好好的紀念他是最大的安慰。」

珮春在漢堡奧爾斯多夫墓園買下一塊地，墓碑做好之前先栽種了鮮花。四周綠樹環繞，各種雀鳥合奏成天然唱機，墳頭朝東，正是向著故鄉中國。她在墓碑旁邊多造一張小石凳，打算時時帶瓶紅酒和小點心來探望他，坐在這石凳上好好野餐。她準備將來有一天自己也會在這個墓園長眠。「我們說好要在一起的。」

數年前，兩老曾經討論過將來要在哪裡長眠。當時關老師說：「我要是走了，你好好去旅行吧。」珮春說：「你不在了，我自己一個人去還有意思嗎？」關老師問：「那怎麼辦？」珮春回答：「那就我們一起走吧！」

「想不到天底下最可怕、最不可接受的事真的發生了……」

2019 年 5 月，我們在香港短聚，珮春語氣平靜地追憶關老師最後一程的溫馨畫面和感動時刻，卻很少談自己。我不忍去細想，她一個人如何承載哀傷，48 年來未曾分離的一對，現在只剩她影隻形單。

「我有很多事情要忙，沒有時間太傷心。」一個人生活的珮春，漸漸開始用心照顧

我喜歡這一想像，因為隱含著重逢的希望，讓黯淡的時日，有了一線光明。

自己的身體，每兩天健身一次，運動讓人日漸精神振作。關老師離開後半年，珮春將一筆善款帶去貴州偏遠山區捐給貧困學生，走訪了多間學校了解學生的困難。事源2018年9月，關老師住柏林醫院時接到朋友電話，提到一個幫助貴州貧窮學生的項目。聽後非常感動，決定馬上要捐錢。可惜最終身體越來越差沒有來得及。他離世後，珮春想起這件事。因此，在準備追悼會時請親友們別購買花圈，而是將這些錢捐給貴州的學生。「我相信愚謙會非常滿意。」她在一個月內跑了貴州、成都、昆明、香港、上海、北京……見了眾多朋友，處理了許多事。

關老師留下了海量的資料和著作素材，珮春準備細緻地梳理這些作品，包括關老師1980代訪問黃永玉、顧城等一批文人的手稿。同時，她將完成他的心願，執筆為他寫一本書。

「有位朋友說，愚謙只不過先走一步，為我們佔位置去了。我喜歡這一想像，因為隱含著重逢的希望，讓黯淡的時日，有了一線光明。」眼前的她一頭燦燦銀髮，眼神深邃如海卻又如此澄清。

⊕ 海珮春（Petra Haering-Kuan），出生北德，作家、翻譯，曾擔任德國政府新聞局中英德的翻譯，長期鑽研中醫、針灸、推拿。著有中文著作《德國媳婦中國家》。

⊕ 關愚謙：（1931-2018年）生於廣州，德國漢堡大學碩士、博士，作家、時事評論家、翻譯家。1949年北京外國語學院畢業後在中央部門擔任俄文翻譯，後被下放青海，做過記者、農民、牧民和漁民。1968年出走埃及，後赴德國。1970年受聘於德國漢堡大學中國語言文化系，前後任教近30年。長期任香港、新加坡、馬來西亞、德國報刊的專欄作家。已出版中、德、英、意多國語言共20餘本著作，代表作有與德國著名漢學家顧彬（W. Kubin）教授聯合編譯的六卷本德文版《魯迅全集》，以及《燦爛中華》、《中國文化指南》、《歐風歐雨》、《浪：一個追求自由者的自述》、《情：德國情話》、《緣：人生就要活得精彩》等。

老友不怕

步入老年，你的身心經歷了甚麼變化？
更年期我沒有感覺，沒有別人形容的虛
汗、失眠、脾氣暴躁。只有一個最大的
變化——月經停了。那真是太好了！以
前去旅行、夏天穿白色的褲子需謹慎，
1980年代到中國去，買不到好的衛生巾，
出門要準備很多東西，有時候還會經痛。
現在沒有了月經，特別舒暢！不過，以
前熬夜、旅行、爬山甚麼都不怕累，現
在傾向於舒服一點的體驗。以前去旅行
可以住便宜旅館，覺得晚上回旅館只是
睡覺，為何要花很多錢。不過現在我首
選舒適。慢慢來，吃的東西都要講究。

這個年紀甚麼令你快樂？甚麼令你擔憂？
與伴侶關係好，是寶貴的，也是最重要
的事情。這麼多年兩個人一起生活到現
在還是覺得很高興，這是一個美好的恩
賜。所以，找到一個合適的對象走到老
是最大的幸福。

我是1950年生的，沒有經過戰爭，也沒
有經過社會暴亂。我覺得我的命運非常
好。我的爺爺奶奶經過兩次世界大戰，
我父母經過第二次世界大戰。有多少人
死了！我是在一個很和諧的環境長大的。
我們的社會到現在還是比較安定。太幸
運了！但是最近社會不公平的事情會煩
惱。歐洲各個地方也有很多蠻煩的問題。
世界環境的情況這麼嚴重。怎麼辦？有
的時候我覺得，幸好我們年齡大了。將
來我們這個世界也許會很危險。

你怕老嗎？
我不怕老，無論你怕不怕都會發生，這
是大自然的事情。但是不怕老不等於是
不注意你的外表。雖然你的臉會有皺紋，
你的力氣會弱一些，但是如果你注意吃
飯，經常運動，天天動腦子，好好地穿
衣服，你還是可以保持你的美麗。

當然如果你是演員或者模特兒，老了以後也許觀眾不會喜歡你，要去整容醫生那裡搞搞眼睛或皮膚。如果你是在公司工作，超過50歲就很難找一份新的工作。在德國女性60多歲才退休，所以有的時候因為工作壓力很大會影響健康。這些問題我幸好都沒有，因為我一直當自由職業者。

但是不怕老也不等於不怕生病。我經常聽人家講要活得越長越好。其實要看情況，看自己生活的品質。我96歲的媽媽，身體有很多痛症，要靠嗎啡；她已經不能走路了，總是坐輪椅；消化系統和睡眠也靠吃藥來維持，她甚麼事情都完全需要靠人家幫忙。我希望我將來不會變這樣子。

你怎樣看待「老」？

我經常會忘了我自己的年齡，還一直想跟過去一樣要做很多不同的事。有的時候我問別人多少歲，如果她說63歲，我想，哎喲，這個人那麼老了。然後突然發現自己比她年齡還大。

老了繼續學習新的東西很重要。有些朋友說，老了就不用管新的東西。我覺得這是錯的。比如說愚謙和我，我們一直

很喜歡新的電子產品，手機，相機，平板電腦全部都有，我們不斷學怎麼用它們。我相信人的好奇心能夠讓心態一直年輕。不能說老了所以沒興趣，總是要繼續探索。這樣你就跟得上社會的變化。

你怎樣看待死亡？

年齡大了你會有各種各樣的病，而且最後都是要走的。誰都要走這條路，你逃不掉。我希望我將來可以循著自然走了。老了之後你會丟棄餓和渴的感覺。大自然當中的動物在臨死前會找個安靜的地方休息，不吃不喝，靜待生命走到盡頭。到了那些時刻，如果我知道自己該走了，倘若我還頭腦清楚，我就不吃不喝，心中也不難過，就睡過去，這是最理想的。

如果可以時光倒流，想回到哪個年紀再經歷一次？

我就希望回到20歲的時候，剛剛認識一個中國來的帥氣小伙子。那個時候他甚麼都沒有，我也沒有甚麼。但是我那個時候就感覺到了，跟這個人我們可以一輩子在一起。雖然我的父母反對我跟一個又窮又好像沒有前途的外國人談戀愛，我還是跟著我自己的感覺走了。看樣子我那個時候腦子很清楚。

巨匠的故鄉，這樣哲思傳統深厚的國家，公民社會如何面對高齡化的挑戰與機遇？從柏林到波恩，從慕尼黑到漢堡，我的足跡貫穿東西，踏遍南北，在十多個城市尋覓答案，探尋閃耀的新點子。

制度的改革與優化尚需時日，但成熟的公民社會創意和行動遍地開花。高齡社會不被視為「問題」，而是「機會」；老人不被視為「負資產」，反是待挖掘的潛力。人們積極迎老，整個社會共同承擔。

New Ideas for
Positive Ageing

高齡社會的機遇

德國的深秋將樹林染成一片鎏金溢彩，空氣是甜的。樹葉黃了，到達生命的頂峰，翩翩飄落⋯⋯樹林裡傳來一陣歡聲笑語，一班七、八十歲銀髮族在叢林練習北歐式健走。偶爾途經的一隻小狗令眾人喜逐顏開。停下腳步，和狗嬉戲了一陣，然後挺直腰桿，唱著歌輕快前行，徐疾有致，以自己的韻律。

「超高齡」社會是甚麼模樣？褪去盛夏蔥綠的黃葉，只能寂然歸於大地嗎？銀髮族卻一把抓起枯葉，撒在篝火旁，圍成圈跳起舞來：抗衰老？明知不可能，不如坦然迎老！

有人稱德國為「歐洲老人院」，每五人就有一位長者。作為世界上最早建立社會保障制度的國家（一八八三年），德國是公共養老金制度的先驅（一八八九年）。然而，當前高齡化與少子化現狀漸令養老保障面臨壓力。在貝多芬、歌德與康德等

舞走孤獨

IDEA
1

重塑老年

10月1日「國際長者日」這一天，漢堡風和日麗，在中央火車站廣場上，200多位銀髮「快閃族」格外炫目。背景音樂 *Spark of Life* 令全場沸騰，他們輕步曼舞，手眼身法都應著節拍，朝氣蓬勃。坐在輪椅上的舞者歡快雙手揮舞，拿枴杖的雀躍纖足輕點。這個場景吸引了大批途人駐足圍觀拍照，掌聲不息。

這一天，十多個城市的長者加入了「快閃舞」，年紀最大的參與者94歲了。這是「走出孤獨協會」（Wege aus der Einsamkeit e.V.）一年一度舉辦的「快閃舞」。

「快閃舞」之後，60人意猶未盡，來到附近的咖啡廳再來一場歡快的「長者 speed dating」，不是為了找伴侶，而是找志同道合的朋友。如何避免長者聚在一起就談病痛？協會巧妙地每張桌子預設主題：只能談運動、音樂、旅行、閱讀……一桌桌老友記欣喜地交談著。「我好想和你再一起跳舞，我們交換聯絡方式吧。」「你星期幾去健身？」現場多數是阿婆，愛笑愛聊天。三個小時後，有的桌子對話停不了。散場時，不少人已經約了下次見面……

來到靜音派對（Silent Disco）舞池，阿公阿婆們忘我地沉浸
於寂靜中的歡騰。他們戴著無線耳機，隨著電音搖擺，音樂
只悄悄地流入每個人的耳朵。「真是太好玩了！」一位滿臉皺
紋的婆婆扭著屁股，打著響指說。「想休息的時候，摘下耳機
就可隨時停下舞步。和別人聊天⋯⋯不必扯破喉嚨大聲喊！
而且音樂也很適合我們這個年齡，節奏一流！」七、八十歲的
他們，在無聲中各自陶醉，各自舞動。

「走出孤獨協會」總是被人誤以為是婚介交友組織，其實是為
長者充權的非牟利組織。2015年我報道了他們的故事，創辦
人 Dagmar Hirche 近年被多次邀約到台灣分享，她還因此取
了個中文名字「許得夢」。許得夢是一家商業顧問公司 CEO，

創辦這個協會只是她的義務工作。她激情澎湃地說：「我為德國的長者感到驕傲！老年何其多樣化，許多人非常開朗和積極，我們必須顛覆社會對老年的觀念和印象，塑造長者的新形象。」她的團隊專籌辦許多有趣的活動邀請長者參加，包括快閃舞、speed dating 和靜音派對，為了向社會發出強烈信號：長者也可以做很酷很炫目的事！年齡只是個數字！

「退休後，你想坐在家裡等別人來探望嗎？一坐就是30年哦！」許得夢說，協會大力倡議老人別一人獨處，長期舉辦免費的工作坊教長者使用智能手機和平板電腦，讓他們懂得加入社群媒體進而擴展社交人際網絡，勢必將網路「染銀」。有人80多歲學會了用 iPad，驚嘆能夠足不出戶線上遊覽博物館，也有人終於在孫子的臉書點讚，還輕鬆登入網上銀行了。

許得夢還開了社交媒體專頁，每日蒐羅全球關於正向老化的資訊。「變老是非常多樣化的，老年有美麗的一面，也有不那麼美麗的一面。」她說，內心孤獨、被社會孤立、痛苦和疾病、貧窮等這些都是困擾德國許多老年人的問題。他們往往沒有準備好面對這些挑戰，有很多懸而未決的問題：我該如何用

微薄的養老金來維持生活？我如何保持精神健康？誰能在我年邁時支持我？當我臥床時，我如何參與生活？所有這些問題都有非常獨特的答案。然而，官方或標準化的長期護理保險目錄未能充分回應。因此，她呼籲民間社會採取非常具體和直接的行動，連接全國長者組織，攜手開展各種項目來回應這些問題。

老人興趣班
300 種可能

Körber 基金會的「公園之屋」（Haus im Park）位於漢堡 Bergedor，多年來都是長者「蒲點」，每天 500 人次出入。這裡既是銀髮族的文化和教育中心、物理治療室，也是咖啡廳、劇院、聚會點——它是這一切的總和，許多事發生在同一屋簷下。興趣班和活動選擇多達 300 種！除了傳統語言課、繪畫課、戲劇班，還有單車小組、街舞、電腦班、各界具影響力的名人明星講座……總之，有足夠的選擇讓你嘗試各種新鮮事，好好發掘新的潛能。

不像一般長者中心給人沉悶的印象，整個空間舒適明快，因自然採光而充滿通透感，富有藝術氛圍，落地玻璃窗外面的景致綠意盎然。1970 年代「公園之屋」誕生之初，60 歲已算「很老」，彼時中心提供日間醫療和上門照顧服務。而現在只有物理治療和興趣活動，因為當今的長者更健康，80 歲仍利索地騎單車出入。這大清早，老友記便是踩單車沐浴著一身晨光來到這裡。

走入 Line dance 舞蹈室，學員陶醉在鄉村音樂的韻律中，年紀最大的學員 77 歲。「跳舞令人忘卻煩惱。」「保持頭腦和身體的年輕。」「想和大家在一起！」大家紛紛告訴我有多愛跳

舞。每當「跳舞夜」，銀髮舞者傾巢而出。電腦房內的老友記，
一副求知若渴的神情，瞪大眼睛，臉貼近電腦屏幕學做網站。

在拼布工藝班裡，阿婆專心致志地鑽研著幾何圖形和色彩漸
變，要造成棉毯、床罩、手袋還是家品小擺設。年屆80歲的
Margot Jahnke 學了拼布工藝以來每天都有很多新點子，剛
自製新的手袋用了兩面設計，看膩了可以翻過另一面。見面

時她正在準備送給小朋友一幅聖誕掛曆，小袋裡暗藏禮物，日期不按順序排，孩子要動腦筋找準日子，是個尋寶遊戲。「從用色就可以看出心情，這門手藝療癒心靈。學員需要保持靜心，才能完成。」導師 Silke Spiesen 70多歲了，聲音洪亮：「拼布有助保持青春活力。這種美國傳統拼布從花樣、配色、風格、造型到布料的每一個細節均讓你發揮創意。我也一直在學新東西，沒時間變老了！」

「我是個娛樂分子，喜歡看到別人臉上的笑容。」在影音室遇到 Axel von Koss，談吐詼諧，似乎時刻都能進入表演狀態，以前做過諷刺喜劇演員、導演、剪輯師、魔術師……「我退休了嗎？是的，只是法律上。」他每天在電腦前做創作和剪輯，看不出已經90歲。自1996年活躍在「讀書會」小組，他為盲人和殘疾人士錄製600本有聲書、1,000多張CD。後來借有聲書的人少了，他便為小朋友製作有聲的寓言故事，演出時做現場配音。「我現在走路有點滑稽。」他做出誇張的表情。一邊聊，一邊變個小魔術。就在見面前一天，他剛剛滑倒在地，掙扎著起身又再跌地，休息了一陣再扶牆站起來！他說，身體雖然90歲，但內心不認老。「我有時候感覺腳痹，

一陣又適應了；有時可能哪裡又莫名痛一下⋯⋯但這些都沒能打擾我。當我在創作的時候，除了快樂沒有其他。」

中場休息時，木匠們坐下來吃伙伴帶來的蜜桃蛋糕，喝杯咖啡歇一歇。大家望著旁邊的木偶劇道具讚不絕口。這是真正的集體創作：工匠們造木偶、搭建舞台，縫紉班老友記為木偶製衣，繪畫班老友記負責上色，戲劇小組老友記做故事改

編……近年有越來越多跨世代的互動，工匠們成為「一星期的祖父母」，一對一教小孩做木工；中學生被邀請一對一來教老友記用電腦和智能手機。

夜幕降臨，戲劇工作坊公演前的排練如火如荼，16歲和76歲一起演戲，擦出了藝術的火花。幾位「70+」說：「從年輕人身上我學習放輕鬆點，他們的世界似乎只有綠燈。」少年說：「我看到了老人家的好奇和熱情。」「每一個人都是浮士德。他們不是演員，而是做他們自己，反照現實。」年輕的導演Ron Zimmering說。我問在場長者為甚麼而來？這些退休教師、工程師、社工、心理學家、圖書管理員七嘴八舌地說：「為了玩。」「我想要嘗新。」「我喜歡學習。」「動動腦筋很好。」

綵排又開鑼了！舞台上，「浮士德們」輪番叩問自己和觀眾：

「生命的意義是甚麼？我們為甚麼而活？」「如果再度年輕，你想做甚麼？」「你生命中的閃耀點是甚麼？」

❖❖❖❖❖ 人生不是三段式 ❖❖❖❖❖

「公園之屋」總監 Susanne Kutz 表示，改變社會對「老年」的印象是個漫長過程。因為我們從小被灌輸人生有三個階段：接受教育的童年及青年、進取的職業生涯、辛苦工作後應得的休閒老年。而現在，市民退休後還有20至30年的時光，這種「三段式」已經不合時宜。「你要知道退休後20或30年涵蓋了不同的老化階段。高齡化不再只關乎一代、兩代或三代人不同的生活方式，同時還包括不同社會經歷及人生見解。我們要看到不同的需求，並且創造出開放又安全的地方去容納所有年紀的人。」

每個人都是獨特的，如今的銀髮族是多姿多采的。Kutz 認為，長者需要廣闊的生活空間，需要給予他們歸屬感的地方。他們需要有參與感、社區接觸及交流。而被欣賞，對於銀髮族各個階段都很重要。因此，「公園之屋」不只是一個地方，亦是一種概念——訴說這一代人正在創造新的老年景象。

目前，「公園之屋」位於高收入住宅區，離火車站約500米的距離，主要用家是長者。基金會正在籌備搬到離火車站三分鐘步程的市中心地段。新的中心不單對長者開放，也將歡迎年輕人。在70年代，將年輕人和長者的設施分開的概念很摩登，但隨著社會的變化，不同世代和文化的融合交流已必不可少。地區政府有意建設一間新的設施給不同年齡和背景的人士交流。新設施旁將有一間圖書館和一間劇院，對所有不同年齡、文化和背景的人士開放。Kutz 認為，在城市中心有

非商業地帶，市民的生活便不會局限於商業消費活動。

「如果只是一味對抗老化，那就是不懂生命的意義了。」Körber
基金會公民社會部主管 Karin Haist 說，我們總是將老年看成
人生的最後一站。然而，在失去行動力、需要人照顧之前，仍
有相當長的時光是健康而充滿活力的。而這段時期仍具有很多
可能性，被視為「人生中段」，這是人生的另一個新開始。

Haist 統籌名為「重塑老年」的項目，邀請全球其他國家分享各自的成功模式，以促進不同世代的平等機遇，更希望把新理念傳播給社會決策階層。「創建一個長者友善城市是一件全民的事。」他們向十個德國城市 500 間公司宣揚年長員工的價值。除了推廣老年的潛力，他們還努力吸引 30 歲以下年輕人關注這個議題。「年輕人也不能迴避高齡社會問題，因為你將與大量老人家一起生活。」她相信，社會需要改變視角，看到長者的潛力和多樣性，將他們視為承擔責任的公民，鼓勵他們一起參與塑造社會。

長者形象營銷
重金賞「老」

IDEA
3

重塑老年

羅伯特·博世基金會（Robert Bosch Stiftung）曾委託民意研
究機構研究「記者和公眾眼中的長者」。結果顯示，83% 受
訪記者認為機會伴隨年歲漸增而來——老人有更多時間或物
質條件去做自己喜歡的事。85% 的受訪記者相信，非常有
必要改變長者的形象，特別倡導更加突出年長所擁有的機會
和潛力。他們認為，傳播長者多樣的形象很重要：年長不只
是廣告所展示的銀髮耆英，也不是憂傷地在安老院漸漸褪色。
研究還發現長者自信心大體上有明顯增強，只有少數長者認
為社會將他們邊緣化。

德國的非牟利社會組織、商界和官方經常聯合舉辦各種為長
者而設的獎項，認可長者的社會參與和活力的生活方式。其
中，羅伯特·博世基金會舉辦「德國老年獎」猶如長者「奧斯
卡」，以其「高規格」引起大眾關注——獎金高達60,000歐元，
由彼時的聯邦家庭事務、老年、婦女及青年部部長的克里斯
蒂娜·施洛德（Manuela Schwesig）親自頒獎。自2012年，「德
國老年獎」每年評選出令人耳目一新的最佳創意，所表彰的
個人或項目展現了老年的多樣性和新形象，彰顯高齡社會的
積極景象。

JUGENDZENTRUM FÜR SENIORE

銀光閃閃的活力

在慕尼黑，Gunda Krauss 稱她的「電動單騎」是三輪車中的「保時捷」。2009年，76歲的她騎著電動車周遊德國，吸引媒體追蹤報道。她希望展示老年的潛力，激勵其他人：不管活到甚麼歲數都要走自己的路。2014年她獲頒「德國老年獎」二等獎，獲30,000歐元的獎賞；Christa Höhs 是位風韻猶存的老模特，20多年前，53歲的她發了上百份求職材料，結果一無所獲——年紀太大了。窮則思變，她乾脆成立了自己的模特兒公司，模特兒都是55歲以上，年紀最大的97歲。她給50家德國最大的廣告公司寫信推薦，越來越多長者出現在鏡頭前為產品代言。2013年 Christa Höhs 獲60,000歐元的一等獎金。

「昨日孩童」是慕尼黑市中心一間為老人而設的「青年活動中心」，2015 年獲得二等獎 40,000 歐元。拜訪當日，創辦人 Abi Ofarim 身體抱恙而緣慳一面。他的職業是舞蹈家和演員，1960 年代的環球演出吸引了數百萬觀眾，發行過幾十張金唱片，還為英國女王演出過。Ofarim 有感於許多老人生活孤獨寂寞，或因配偶去世，或因孩子居住太遠，或因老鄰居搬走了。老人經濟拮据也是一個現實問題。他 70 多歲的時候創辦公益組織「昨日孩童」協會，開這家中心讓孤單的人享受陽光和增加生活勇氣。這裡免費提供香腸面包、沙律、咖啡、蛋糕等，讓老人減少開銷。還會定期舉辦音樂演出，組織郊遊，現場義工熱情招呼的同時，也了解老人的願望，以備幫助。許多長者來這裡，因被輕鬆包容的氣氛吸引，知道有個地方總為自己敞開大門。那天遇見 Günter，他常來流連半天，離開的時候，臉上帶著笑意，想必心頭也一陣暖意。

「獎項希望令公眾對老年有新的印象──看到老年的新潛力與機會。」「德國老年獎」項目經理 Tobias Nerl 表示，幾十年來，「人口變化」的課題一直被熱議著，在很長一段時間內，它只是一個抽象的概念，如今卻成為德國人日常生活的一部份，

也是社會所面臨的挑戰之一。「除了關注醫療護理，支持健康的長者參與社會和獨立生活也至關重要。既要應對挑戰，也要挖掘長壽社會的潛力。我們特別重視社會對「年老」和「長者」的微細看法，因為長者的普遍形象影響不同世代之間的相處，也影響人們對自己衰老過程的理解、以及對老年的期望。獎項正是要為老年的新形象做「營銷」。但老年的話題很難搶眼球，吸引媒體注意必須有動人的故事，以高獎金可作為賣點吸引參與者和媒體。

自稱「Y世代」的 Nerl 讚嘆，每年從數百個申請中見到了銀光閃閃的活力，最難忘長者站在台上領獎，臉上充滿榮耀和感動的時刻。參賽的七、八十歲長者，對生活的好奇心和對生命的熱愛，確實給年輕一輩示範了甚麼是生命力與可能性——原來老年還可以有那麼多的想像空間！退休並非代表美好生活的結束，反而意味著進入令人興奮的新篇章。「如果老人都能夠做得如此出色，那我為何不去做更多自己想做的事情呢？我所受到的啟發不只是對日後的老年生活，也讓我在目前30多歲的人生看到新的可能性！」他說，近年社會大眾越來越關注這種話題，故當初希望以獎項引起關注的任務已完成，於2017年功成身退，獎項不再舉辦。

IDEA
4
公民社會

給每一位
「80+」寫信

當「高齡化」遇到「少子化」，意味著「輪椅」多過「嬰兒車」。德國聯邦統計局數據顯示，1997年65歲以上長者人口1,300萬左右，佔總人口15.8%。20年間，長者人口增長超過三成——2017年德國人口逾8,280萬，其中65歲以上的長者人口約1,770萬人，佔總人口的21.4%，也就是說，每五個人就有一個是長者。

到了2060年，走在大街上，你會發現，差不多每三個人就會有一位老友記。官方根據中等指標估算，到時65歲及以上長者比例將上升至31%，20歲至64歲的人口比例為51%，而20歲以下的人口比例只有18%。

在歐洲的版圖上，2017年德國長者比例之高排第三位，緊接在意大利和希臘之後。面對人口變化帶來的養老難題，德國每個城市都在尋求對策。實際上，方便輪椅的城市，同時也方便嬰兒車。

過去幾年，德國接收百萬難民，集中在15至35歲，因此增加了年輕人口。漢堡有十萬難民，幫助他們融入德國社會、學習德文、接受專業培訓、找到工作等對當局來說是艱巨任務。

德國共有16個聯邦州，漢堡是德國三大州級市（柏林，漢堡，
不來梅）之一，也是德國第二大城市（僅次於柏林），人口逾
180萬。2,000多座橋、大郵輪和小帆船都在伸手之間。儘管
目前人口老化的程度未至堪憂，但漢堡應對人口變化的2030
新藍圖早已出台，當局強調高齡社會的正面影響力，並提出
「更多人更高齡更多樣」的概念和一籃子措施。對於和自身相
關的施政，長者能夠充分參與給意見。自1980年代，漢堡各
區的長者委員會為老一輩的權益發聲。2012年漢堡通過《長
者參與法》，法律明文規定了「長者代表」制度，賦予長者在
社會、文化、政治等的參與權，60歲以上市民可以參加各區
的長者代表大會，選出自己的諮詢委員會。

政府 2018 年推行「探訪 80+」新計劃——80 多歲可能面臨獨居或者身體變弱等問題而又害怕求助，政府希望及早介入，以防長者陷入孤獨。區長給每位 80 歲市民寫一封生日祝賀信，再由受訓的專人登門拜訪，聆聽長者的擔憂，具體的支持基於個人需求，這是建立關係第一步。當然長者也有權利拒訪。項目由長者組織協助執行，率先在一個中產區域和一個低收入區域做試點，三年後評估成效，再於漢堡全面實施。

「70 多歲的人通常仍健康活躍，無須太多協助，探訪反而傷了他們的自尊心；但若等到 90 歲才去探訪恐為時已晚；80 歲剛剛好——接受自己的年老，可以開始談談安老的話題。」漢堡衛生和消費者權益維護部官員 Marco Kellerhof 負責安老護理與長者事務，他認為高齡人口應分為兩組：60 至 80 歲，以及 80 歲以上。過了 80 歲，護理需求將會增加，儘管年輕人口

和就業機會都在增長，但是漢堡大約有90,000名80歲以上的長者（2017年），這數字將在未來15年內增加到120,000。Kellerhof 表示，社會的護理需求隨著80歲以上人口的增長而增加。然而，由於輪班制、工資低，再加上社會對護老工作印象不佳，目前嚴重缺乏護理員。長者護理員（五年經驗）的薪金大約3,000歐元，略低過平均，比商店售貨員或理髮師的薪金多，但比銀行薪金少。要改變這種情況，需要吸引年輕人加入。德國政府正推進護理專業的改革，2020年將實施新政策。過去長者護理專科的學生畢業後只能從事長者相關護理工作，新政策則鼓勵學生從事多樣化的護理工作，除了長者護理，還可以從事嬰兒照顧等，將有更多就業選擇。

◇◇◇◇◇◇◇◇◇ 70歲或彈性退休的可能性 ◇◇◇◇◇◇◇◇◇

漢堡的高齡政策重心是人口老化對經濟和社會文化的影響。在經濟方面，隨著社會的高齡化，勞動人口也在老化。Kellerhof 說，當局為漢堡企業的人力資源部門管理層提供培訓，關注年老員工身心健康。當前新趨勢是，年齡較大的員工希望減少工作時間，企業可鼓勵他們提早移交工作給年輕一代，並擔任導師。

高齡人口越來越多，養老金制度將面臨更大的壓力。Kellerhof 認為，緩解這種壓力的其中一個方法是逐步提高退休年齡，目前法定退休年齡為67歲，將來很有可能會再提高。「我個人認為退休年齡下一步有可能提高到70歲。但很難適用於全部的人，需要個別靈活考量。如果工作太勞累，那麼就得早點退休。可加可減五年的靈活彈性退休方式也許可行。當然領到的退休金也將會不一樣。」

查看聯邦統計局資料可知，長者就業情況過去幾年發生了很大變化：60到64歲的長者工作人數增幅顯著——十年間，從33%（2007年）增加到58%（2017年）。到達退休年齡但仍在工作的人數在短時間增加一倍——2007年，65到69歲在職長者佔7%，2017年增加到16%。長者就業人數增長的一個原因是從2012年開始，德國法定退休年齡階段性提高到67歲。另一個原因是教育程度持續提高，參與工作的時間也相應延長。2017年，60到64歲精英人士仍在工作的佔71%，明顯超過一般人員（45%）。

德國當局認為，退休長者在工作，意味著可較長時間積極參與社會，也可以防止老年貧困。65歲以上的工作人群中有37%的人主要收入來自工作。換句話說，工資只是補充收入，生活首先還是靠養老金以及家產（58%）。

從社會文化的角度來看，Kellerhof 認為高齡社會也代表更多機遇和正面影響力：首先，老人多，社會更有耐性，暴力和犯罪會減少，導致監獄需求減少——這將為政府節省基礎設施成本；其次，長者有一定消費力，這將有助刺激經濟。第三，他們有更多時間和經驗可成為義工，或者幫助年輕一代，例如經驗傳承，照顧孫輩。退休長者可能獨居，但不代表他們孤獨，因為他們仍然和外界聯繫。只要有健康的身體，退休後有很多時間嘗試新的生活體驗。

政府每年有撥出300萬歐元的預算來資助相關項目，例如獎勵那些建造無障礙住宅設施的開發商。雖然並非法律強制要求，但當局正在積極向房地產開發商推廣這個概念。2015年，所有政府資助的新建築都實現「無障礙」，開發商每個無障礙住宅單位將得補助額。

到2020年，地鐵和火車站全線實現「無障礙」（有電梯／自動扶梯）。除了考慮住屋，當局考慮到公共空間、行人道、綠地、照明設備等，令長者安全行走，確保每隔500米就有一張凳子供人坐下歇腳。 如此一來，不止長者，人人都將過得更美好。

公民社會 | IDEA **5**

校內有一老
如獲一寶

在慕尼黑蒙特梭利學校,每個孩子小學畢業之前,都會留下許多對「變老」和老年人的回憶。這間融合學校將長幼共融的「多代工作坊」(Die Werkstatt der Generationen)列為重要課程,長者們的熱情、經驗、知識和靈感融入學校日常教學中。

如果要獲得慕尼黑政府許可開辦新的私立學校,必須要創新——迄今為止沒有其他私立學校做過的事情。十多年前,學校負責人 Anke Könemann 及團隊思索甚麼對辦學來說最重要,他們萌生了「長幼共融」的概念,而那時候人口結構的變化通常不是學校討論的話題。他們以「多代工作坊」的創意作為獨特賣點,順利獲批在慕尼黑創辦新的蒙特梭利學校。

學校創辦初期,規模還很小,大多是找相熟長者來幫忙教學。每週上一節課,每一班都有自己要完成的特別項目。長者教師全是義工,學校只提供交通和雜費津貼。要成為長者教師,必須要有自己的愛好,自行設計教學計劃和孩子們分享興趣和知識,不用按德國其他學校規定的方式安排教學計劃,內容高度自由。

2017年,學校有250名學生,40多位長者教師開設75個科目,

一至六年級每週一堂課。有時一個科目在某一班很受歡迎，會在其他班級「載譽」重開。長者教的課程包羅萬象：烹飪、翻譯、戲劇、服裝設計、機器人、養蜂、閱讀、變老話題等。

其中有一堂課——學生穿上一件特製「變老衣」體驗當老人的感覺。沉甸甸的衣服經過特別設計，令關節難以彎曲——孩子們舉步維艱，體驗行動的困難；特製的眼鏡和耳機讓他們

體驗老花、白內障和耳聾等種種變老的處境。看完一齣關於
認知障礙症的電影，學生們在課堂上展開討論。老師是一位
75歲的婆婆，特意開兩個小時的車來學校，還帶了許多教學
「道具」，包括輪椅，好讓學生們真切體會甚麼是「老」。

Könemann 介紹，曾在診所工作過的長者會帶領學生了解認
知障礙症和安寧中心，因互動多，很受學生歡迎。後來學校
還和安老院合作「世代計劃」──三年級的學生每個月都會去
附近的安老院與老人互動。「在學校裡，學生接觸的長者大多
數是健康而熱心的，學生看待衰老的印象都很正面──認為
年齡並不重要。因此，有必要讓學生明白長者的疾病與困難，
給他們一個老年的真實全貌。」一部份學生上課之後，會主動
提出想去老人院實習或去老人院做義工。學校的理念是先拓
闊他們眼界，再由他們自由決定要不要參與。

學校裡到處是歡聲笑語，課間孩子們奔跑、歡呼、大膽的學生還可以玩幾層樓高的滑梯。平台上，一群孩子們圍著79歲的太空科技工程師 Helmut Piening 造木飛機。試飛一次，不行，第二次，勝利了！眾人拍手歡呼。「和孩子們一起，讓我重溫自己孩童時代學習的樂趣。我很享受現在能夠用自己的興趣教小朋友物理方面的知識。現在一切都電子化，孩子整天沉迷於智能手機，希望他們多接觸音樂、科學來學習。」Piening 說。他以前試過帶自己小時候看的童書讀故事給學生聽，但學生不太感興趣。後來改為教他們動手做模型，立即大受歡迎，令這位曾經的火箭衛星專家頓時有了成就感。

機械工程老行尊 Klaus Trompka 帶著孩子學機器人編程，「過去自己是高層專業人士，所以同事都聽我的。但是現在我體會到這種一人說了算的權威方式未必是很好的溝通方式。恰恰是小朋友也很有禮貌地傳達了這個信息給我。」他的教學理念是讓孩子有動力自己學習，激起他們的興趣。

教長者適應
未來家居

LebensPhasenHaus（終身之家）位於圖賓根大學校區的山丘，磚紅色的節能木建築遠看像個盒子，裡面示範智能家居和科技產品，呈現老年生活的新概念。

四處都有攝錄鏡頭，假若老人無法決定要不要開門給訪客，遠程協助的護理員會幫助判斷，門口來的是郵差還是陌生人。一按指紋，門自動開了，樓梯裝設輪椅升降台，爐台高度方便輪椅使用者，睡床可變身椅子再轉90度，起身無難度。天花吊機用來幫助殘疾長者往返各房間，也提醒大眾趁早考慮安裝軌道……

只要用平板電腦就可以一改屋內氣氛，例如一選「演說」場景，燈光變暗，室溫變涼。全屋特製燈光按需調節：紅光使人放鬆，幫助入睡；藍光有助於提神。大多數長者的跌倒意外都在家發生，黑暗中閃爍的綠光形成了「導航」光路，半夜起身無須開燈吵醒老伴。

託大約29,000名學生的福，圖賓根在德國算是一個「年輕」的城市——平均年齡為41歲。但如果從人口中減去學生人數，圖賓根和其他城鎮一樣也在變老。過去十年中，超過90歲的

人數增加了約61%。長者通常希望居家安老，而不是去安老院，但是自家往往不是無障礙住宅。最緊迫的挑戰是增加無障礙公寓和居家護理服務。目前缺乏護理員，安老院亦無足夠宿位，未來居住的新概念成為近年城中熱話。

科技屋不僅僅是展示未來老年居所的地方，更是鼓勵長者消除對科技的恐懼感，提早探討未來的創新生活。圖賓根大學經濟與社會科學院教授 Daniel Buhr 說，1980、1990年代，德國對社會高齡化的討論聚焦在社會保險的壓力、勞動力不夠養老等負面影響。過去20年，取而代之的社會共識是「活力老化」、看見高齡社會的潛力和資源。十年前，專家學者組成跨學科的研究團隊，連同政府、社區、保險機構與商界

一起研究人口變化相關議題，「終身之家」就是當中的一個實驗項目，展示科技如何幫助老人自主生活。

有了硬件，怎可沒人。但長者通常不會主動去大學的活動。圖賓根大學城的長者事務與社會融合專員 Barbara Kley 對凝聚人氣功不可沒，她負責策劃活動，令科技屋更接地氣。「與長者建立良好的互動關係，他們就會打開心來提問和交流。」Kley 是位長者授權代表，長期建立平台為認知障礙症做「公關」，改變社會忌諱，深得社區信賴。開幕兩年，這裡吸引了長者粉絲團作為常客。

每個月的第一個星期五，Kley 在科技屋舉辦講座，邀請科學

家和專家講解老年各種議題，許多話題與科技相關——高齡生病，科技如何幫到生活？一般的長者都對新的科技抱著懷疑和恐懼：機器人會幫我洗澡嗎？其中一個關鍵的問題關於私隱：如果我家裡裝了攝錄鏡頭，收集的數據會如何處理？如果我摔倒了，鏡頭會拍攝到我，有人會來幫助我，這是好事。但同時我24小時都被監視著……專家會盡量用簡單的話語來回答，讓長者也能夠理解相關的技術。除了講座，這裡舉行老人相關行業的工作坊告知業界長者的需求；同時也開放參觀，每月由20名長者義工任「技術大使」，向參觀者解說。

有趣的是，儘管很多人對屋內技術感興趣，卻不想這樣生活。Kley 認為這可能是因為科技屋看起來就像一個實驗室，少了些個性裝飾。此外，地點遠離城區，是故長者們可能很難想像這是自己的家園。Kley 認為，下一步是要讓科技走入日常生活。「如果能讓認知障礙症患者在這住一星期，看看這些技術是否真的對他們有幫助，那就能將抽象的概念付諸實踐了！」

IDEA

7

德國祖母的
工作假期

「Au pair」源於法語，意思是平等的互惠互利。歐美盛行年
輕人到外國寄宿在當地家庭，做一些家務或帶孩子，換取住
宿，並學習當地語言風俗。中介公司「Granny Aupair」另闢
蹊徑，專攻「50+」女性。

創辦人 Michaela Hansen 2010 年無意中看到電視節目講年輕
人的「Au pair」故事，當時深有感觸。這曾經也是她的夢想，
但因一直忙碌沒有機會實現。「為甚麼只有年輕人可以，退休
的女人就不能作為保姆出國生活旅遊？」從事公關顧問行業的
她靈機一觸：熟齡女人有足夠的經驗照顧孩子，值得信賴，
幫助緩解年輕家庭的負擔，又得到免費食宿，可謂雙贏！

這個創意很快化為商機，她開了一家公司，很快聲名鵲起。
開業數年後，超過 1,000 名德國「祖母互惠生」的足跡遍佈全
球 50 個國家和地區，包括美國、澳洲、英國、玻利維亞、中
國、南非、泰國、印度……項目還包括到異國學校、幼兒園、
養老院等做社會服務的選擇。

「她們想實現夢想，開闊眼界。十分有活力，像年輕人一樣。
離開自己熟悉的環境一段時間，也是一個時機作一些改變。」

Hansen 說，可惜自己太繁忙，還沒有機會親自當祖母互惠生，打算退休後也要親歷一番。

該公司國際公關部主管 Grania Grözinger 介紹，60 到 70 歲是最活躍的一群，她們勇於探索未知。年紀最大的保姆 78 歲，30% 的保姆會重複再遠遊。駐外德國家庭希望孩子能夠經歷多代家庭氣氛，感受祖母的愛和傳統的食物。而不少女人退休後也想和孩子一起玩，但在少子化時代，很多人沒機會成為祖母。有人去同一個家庭幾次，也有人喜歡探索不同的目的地。她們千里迢迢去異國當保姆，志不在賺錢，文化交流才是重點。

Carmela Roehr 熱愛旅遊，「與當地人一起生活和自己走馬觀

花截然不同。」說起在他鄉做保姆的經歷，她顯得回味無窮，雀躍地翻開自製精美畫冊。她曾到杭州的中德家庭當保姆，負責照顧九個月大的女嬰。怎知育兒理念的差異大過中德文化衝突。她說，那位獨特的中國媽媽不給孩子吃輔食，只讓喝牛奶，娃娃長得非常胖。而德國爸爸希望她和孩子說德文，但孩子還太小……Roehr 沒有打退堂鼓，很快就適應了，「只好調節自己，滿足他們的需求。」

「附近的食街都被我嘗遍！」她興奮地說，看到廣場上集體做氣功、跳舞的人，感到不可思議。她每天帶孩子到小區內的廣場散步，總是被其他中國保姆包圍，大家用詞典聊天，「她們都很年輕好學。」一放假，她四處遊歷，「人人都想和我說話，非常友好。」曾被街上偶遇的陌生人領去山頂的茶園摘龍井，又有人開車送她回家。很多時候語言無法溝通，比手劃腳也交了朋友。問她在陌生環境可曾感到害怕？「我不怕，從來，完全沒有。我知道哪裡都有壞人和好人。」完成中國之行，Roehr 又被請去南非為外交官當保姆。

退休教師 Barbara Ender 一直在教難民德文。她年輕時就當

過互惠生，退休後重溫舊夢，去瑞士家庭做保姆。幸運的是，她每週工作三天，有充足時間可以行山，飽覽瑞士美景。而 Margret Kramet 卻選擇參加機構的社會服務項目。「去外國生活至少半年並學當地語言一直是我的夢想。」她退休前在電視台做圖像設計，數年前去玻利維亞兒童村服務。「有的孩子六歲就要自己洗衣服。孩子們很窮，沒法和父母同住，卻過得很開心。我沒在其他地方見過兒童有這麼多的歡笑！當地社會運作看起來缺乏規範和組織，但我耐心學習，想看看他們怎麼做事，而非用德國標準教他們怎麼做。」回到德國，她感覺生活平靜很多。「生活中的困難微不足道，不該總是小題大做。」她少了抱怨，少了消費，生活重歸簡樸。完成了第一個人生夢想，她又將著手第二個——寫書或編劇。

高級專家
單槍匹馬闖天涯

退休後依然對自己的專業實踐意猶未盡？有人選擇加入德國高級專家組織 SES。交了履歷表之後，他們開始翹首等待任務。一接到派遣任務，便帶著知識和經驗出行，孤身遠遊去解決異國他鄉的技術難題。

SES 是德國退休專業人士及管理人員派遣組織，註冊專家已超過13,000人，涉及50多個行業和500多個職業領域。屬於非牟利機構，經費由德國聯邦經濟合作與發展部以及德國聯邦教研部提供，許多德國頂尖的商業組織都支持 SES。自1983年成立以來，SES 在全球160個國家執行了超過50,000個派遣項目，用他們的知識和技術服務中小企業，其中三分之一在德國。

參觀 SES 的波恩總部，發現原來背後不少運作都由退休族操刀，「有人以為我們是旅遊中介，曾有位女士打電話來說，我丈夫很煩人，請派他出去吧！」SES 收到來自各地的委託之後，有專門的「匹配員」配對工作和專家。他們根據委託人需要，先查詢 SES 的專家數據庫有沒有適合的人選，然後打電話給專家商談一番再確定。

「作為專家身份，到外地分享知識和經驗，十分有成就感。

這也是一種深度的文化之旅，因為向我們求助的中小企業所
在地通常是遊客不會去的地方。」Stefanie Schiffer 退休前從
事旅遊行業，執行完派遣任務後，在辦公室做義工當「匹配
員」。她透露，如果兩個人條件相當，便會首選新手。專家
平均每年會接到一、兩個任務，最多一年五個。這樣可以確
保讓更多專家有機會參與，避免有人從未接到任務而失望。
選擇過程，他們也會「以貌取人」。「專家遞交的相片提供了
重要的信息──他的人生態度。」她開玩笑說，如果專家照片
是無穿上衣，那就不能夠把他介紹給一家保守的公司，但是
這樣的風格可能很適合一些需要很多創意的項目。

Johannes Wiedemann 也是其中一名匹配員，他是位土木工
程專家，63 歲退休之後曾經為波恩市政府推廣單車文化，又
在公共交通部門參與建設火車站和火車軌。為了興趣體驗異

國文化而加入 SES。他等了一年才得到第一個任務：前往阿爾巴尼亞的一個小城市，向當地市長解釋該市為何無法得到歐盟的經濟補助來美化該市——阿爾巴尼亞不是歐盟的成員，該市也未有任何具體計劃。溝通工作頗為燒腦，一波三折，但最終還「超額」完成任務——機緣巧合之下，他被告知小城市的大型垃圾桶非常老舊，但市政府也沒有足夠經費買新的。正好德國有二手大型垃圾桶回收市場，「於是他將這個機會介紹給市長。此後這個小城市得以低價購買優質的大型垃圾箱，皆大歡喜。

「內科醫生退休後可私人執業做到100歲，但是外科醫生上了年紀就沒機會再上手術台了，後來在 SES 找到繼續交流經驗的機會。我不是教別人，只是分享德國的實踐。別人也有自己的經驗，我也從中學習呢。」做了42年創傷與矯形外科醫學專家的 Dr. Wolf-Ruediger Dingels 煙不離手，邊說邊吞雲霧。牛仔褲和鴨舌帽讓他看起來完全不像超過70歲的人。「人們應該接受自己的真實年齡，調整和適應生活。然而現實中仍然有許多人不願意接受他們的真實年齡——整形手術就是一個很好的例子。」Dingels 過去經常登山，甚至在卓奧友峰（Cho Oyo）做過登山嚮導。如今他精力有所減，但欣然接受去海灘作為另一種選擇。

SES 全球派遣項目有一成在中國，每年超過500位專家會被派往中國。近年來醫療領域的派遣項目增多，Dingels 是 SES 的長者醫學專家之一，負責醫學領域的委託。2019年6月剛剛完成了河南開封的派遣任務。九年來去過甘肅、安徽等地方的醫院做顧問，還自行組織過中國醫生到德國交流。

Dingels 兼容並蓄的個性讓他很容易融入到完全不同的文化

中。他說如今中國醫療界需要神經外科、矯形外科手術、微創手術等非常高技術的專家，但是找到合適的人選並不容易。即使有足夠的技術，也可能不善於溝通而不適合派遣。有時，由於觀念和文化的不同，導致專家不容易與委託人溝通。例如，有一次他在中國的一個醫生會議上解釋人工關節植入手術的風險在增加，因此應該謹慎決定是否為病人做手術，包括考慮對生活品質和家庭的影響，不該草率大量地執行。一位外科醫生在他演講完表示不明白。「我感覺到這位醫生的心態反映了他所受的教育——只要有好的手術技術，醫生就應該執行它。因此，他很難理解為甚麼我會建議在某些情況下不要執行人工關節植入手術。」

為即將邁入職業生涯的年輕人提供幫助，也是 SES 另一個工作重點。在德國參加職業培訓計劃的青少年大約20%會中途退出，而當局給青少年的協助大多僅限於找培訓機會。SES 與行業協會推出「VerA 計劃」，由長者一對一幫助青少年。青少年有任何困惑，例如培訓內容有問題、考試壓力大、職業選擇、人際衝突及各種私人問題等，求助後兩個星期內會安排相關行業的專家見面輔導。計劃推行多年，由德國聯邦教育研究部贊助，涵蓋整個德國。

社區養老 | IDEA 9

勞動換宿

2017年，德國「65+」人口中獨居者佔36.6%。有多少房子能夠真正適合從出生到老去的一生居住？當孩子們長大搬出去後，「空巢」老人難免發現家中多出了太多空間。與此同時，學生在為昂貴的租金而煩惱。

自1996年，慕尼黑長者協會和學生管理委員會推出「勞動換宿」（Wohnen für Hilfe）計劃，介紹學生入住長者家多出的房間，每月勞動時間由居住面積決定，住一平方米做一小候家務。例如年輕人住15平方米的房間，每個月做15個小時家務，沒有租金，只需要繳水電雜費。銀青共居，一舉兩得，既減輕年輕人租屋的經濟壓力，從而也減輕長者的孤獨感。配對過程會考慮長者和青年雙方價值觀、興趣、性格及各自的期待，居住過程中有諮詢服務人員陪伴，每三個月跟進，協助溝通和調解矛盾。現時全德國有30個城市在推行這個計劃。

80多歲的退休心理學家 Helga Poscherieder 在丈夫去世後數月，也加入了這個計劃。很快身邊多了一個小幫手——20多歲的中國留學生 Lu，銀青共居至今五年。他幫忙遛狗，打理花園，Helga 教他做德國酸菜。每年 Lu 都做一本記錄生活的

相冊送給 Helga，而她又親自做生日蛋糕給 Lu。彼此成了忘年交，建立像婆孫一樣的好關係。從小由祖父母帶大的 Lu 特別珍惜 Helga 的疼愛，「德國長者對家庭兒女的依賴很少，不會要求兒女來看望自己，也不干涉年輕人的生活。獨立精神讓人敬佩，生活很簡樸健康，年紀大了依然親自動手做很多事。又做公益，又忙於學習，活動豐富極了。」Lu 說，認識這樣的長輩真的幸運。

IDEA
10
社區養老

貧富共處的
豪華養老社區

意想不到，在德國吃過最讓人驚喜的素食餐，竟然是在不萊梅市的養老社區！年輕帥氣的主廚果真奪得阿婆歡心，飯後，好幾位婆婆推著助行架姍姍走到他跟前：「謝謝今天的菜式！」這樣琳瑯滿目的圖書室、自成一格的閣樓咖啡室，還有暖水泳池，總以為自己走入了豪宅的會所。

不萊梅非牟利機構 Bremer Heimstiftung 建了兩種類型的公寓，一種是為行動自如的長者設立的獨立生活單位；另一種是為患有認知障礙症、中風或護理需求較大的長者而設的護理單位，兩者都必須年滿60歲才可申請入住，提供24小時全方位護理服務，費用由保險公司和政府支付。

我參觀的這棟正好位於高尚住宅區，舒適而高雅。每一個寬敞的公共休憩區細節各異，並非清一色的沉悶。有的一片鮮亮，紅色沙發搭配著暖色調的裝飾畫，營造了溫馨的居家氣氛；有的走清新簡約風，經典懷舊電影劇照配合藍色布沙發。

基金會的市場部主管 Antje Sörensen 帶我參觀典型的獨立生活單位，160平方米通常一個人或者一對夫婦住。住戶可以在單位內自己煮食，也可以到餐廳用餐。在長期護理的單位，

每12個單位為一個小單元，每一層樓有兩個廚房，各自有大廚主理，他們聽取很多意見，因應老人家的口味來發揮，也常常準備他們所回味的年輕時喜愛的菜式，以增添歸屬感。兩個飯廳各自形成親密的小群組，少了擁擠，更像一家人吃飯，可以親近地交流。這裡的住宅理念推崇小型且具有家庭親密感的氛圍，每個人有與別人互動的機會，也有獨處空間。

「你坐的這個是甚麼？」四歲的孩子問一位婆婆甚麼是輪椅，就這麼開始了交談。基金會大部份養老社區內設有幼兒園，讓孩子天真無邪的笑聲驅散暮氣。這裡的老人也常常給孩子講故事。有時孩子們到廚房幫忙清潔帶走廚餘，老人們高興極了，有時他們和老人一起做飯，一同玩耍。

這樣的養老公寓分布在富裕階層社區，也座落在低收入基層
社區——無論貧富，長者都喜歡生活在自己熟悉的社區。以
租金而言，算是貴價住宅區。不包括服務，30到120平方米
的單位，月租約1,200至3,000歐元。有的住宅區在建設時，
得到政府部門提供部份資金，條件是必須有一部份的單位供
貧窮長者居住。目前，約有10%的住戶為貧窮長者，50平方
米的單位月租約500歐元。他們可領取政府的最低生活保障
金900歐元，用一部份來支付房租。

成立於1953年的 Bremer Heimstiftung 是不萊梅最大的安老
服務提供者，最初只有五棟住宅，現在全市共30棟。3,000
名住客中，有1,000人住在護理單位。而這類單位長期滿額，

候補名單上有大約5,000人在排隊，每天十多人打來詢問空缺——戰後嬰兒潮退休族的居住需求將會日益增加，樓也越建越高了。

Sörensen 說，80% 的住戶為女性，通常是喪偶之後搬進來。居民的平均年齡為86歲。40年前，入住的長者年紀較輕，通常在此度過最後20年。現在長者80多歲才會來了。「今天越來越多的長者身體健康，活動力很好，也更獨立，他們選擇盡量住在自己家裡，等活動力變差了再搬進來。」

IDEA

11

社區養老

古宮裡的
德式桃花源

不依賴家庭養老，社區養老和多代「共居」的實踐在德國由來已久。不萊梅退休市長 Henning Scherf 早在1987年就和十位朋友在城中自建多代共居社區，組成「自己選擇的家庭」，50歲到80歲的十個核心住戶，年輕人階段性聚散，最近社區加入了有孩子的年輕難民家庭。Scherf 被視為營造多元共居模式的先鋒。

「我們也是站在巨人的肩膀上，參照前人，這個傳統超過500年歷史了。」老市長每日騎單車出入，沿途很多市民和他打招呼，他揮手回應，單手騎車。退休後，他講了數百場演講，鼓勵老人安排好人生下半場，讓自己老有所為。他還遊說政客和城市決策者推動創意居住模式，佔領空屋，激活廢棄空間，成為有趣的社區。

近年興起許多初創企業做共享公寓、多代共居項目，推出各自的門戶網站，客戶填寫完問卷，只在雙方都同意的情況下，才可以看到各自的聯繫信息。Scherf 很支持這樣的理念。「多元共居是老年社會的一種機會，不同年齡的人可以從彼此身上獲益良多。甚麼是一起生活的最好方式？一直都有變化，一直都要探索。」

德國東部的薩克森州擁有眾多的古堡宮殿，就在萊比錫附近的里薩（Riesa）小城，簡約而樸實的雅尼斯豪森宮（Jahnishausen）幾乎被遺忘。一班「50+」行動派一起造夢，建立了多世代群居「桃花源」。推開莊園的古老大門，眼前的景象我想不到比陶淵明更貼切的描述了。「土地平曠，屋舍儼然，有良田美池桑竹之屬。阡陌交通，雞犬相聞。其中往來種作，男女衣著，悉如外人。黃髮垂髫，並怡然自樂。」走入後花園的秘境，沿途「芳草鮮美，落英繽紛」，金色的亭子由綠樹掩映。一彎河水守護著宮殿，在陽光下煥發異彩，祖父母正帶著孫兒在岸邊與水中的白天鵝對詩詠唱。

宮殿建於中世紀，原是一座城堡，1503 年首次記載屬於一家

地主。1786年新建成了一座宮殿，此後都是薩克森不同貴族、
國王王室所有。直到1945年收歸東德政府，曾作為農業技校、
住宅、幼稚園、文化館和圖書館，可惜1969年一場大火之後
建築毀於一旦，成為廢墟。1995年國家古蹟保護基金會將其
列為古跡。

2001年，七名「50+」女子「甚麼也沒多想」，在拍賣會以
16萬馬克⊕買下了荒蕪破敗的宮殿並稱其為「生活空間共同
體」，成立了合作社。除了創始成員承擔一定份額，之後又
獲得薩克森州、歐盟、文物保護基金會的補貼以及合作銀行
的貸款，也有私人資助。他們還成立了非牟利文化協會「雅
尼斯豪森但丁學院」——促進藝術、文化和環保方面的教育

⊕ 2002年歐元流通前的德國法定貨幣，1.955馬克兌換1歐元。

活動，致力於古建築的重建和活化。

作為拓荒者之一的 Brigitte Reich 當時 50 歲出頭，猶記得第一次走進莊園的景象：雜草叢生，滿目亂石，破門窗搖搖欲墜，灰泥從牆上剝落下來；有一個廁所，有一個爐頭，一切破舊不堪。「看到這個景象，真的無從下手，然而，我相信這座古老的莊園是個對的地方！」每次想放棄的時候她就去後花園的湖邊做深呼吸，彷彿能聽到石頭低訴著古老的故事，然後又恢復鬥志。她本是長者護理機構的管理者，年輕時候已認真考慮家庭和安老院以外的生活方式。這麼多年過去了，她的夢想如桃花般綻放了。

1968 年，左翼學生和民權運動分子發起反戰、反資本主義、反權威的浪潮。社區裡聚集了不少參與過「六八」學運的熱血青年，雖然已步入老年，但理想主義的精神從未褪色，行動力未減。合作社著手修繕老建築，大部份工作都是自己來，解決不了才外聘工人。大宅保留主體結構，廣闊的馬廄改造為住房，外牆採用黏土等節能環保材料整修，新的取暖系統由木屑來發電，用太陽能板製造節能熱水。他們鋪設管道，建立了社區內的垃圾廚餘回收系統。

莊園有 3.5 公頃，他們復耕農地、種菜栽果樹、養雞，分擔各種勞務，輪流煮飯、清潔、種菜、縫紉、帶孩子。社區共用汽車和洗衣機，每天一起吃飯，崇尚素食，凡事集體決策……過著自給自足的低碳生活。然而，這個桃花源並非隱逸「世外」，亦不隔絕。定期有來自世界各地的人加入藝文活動和歷史古跡研討，有時候還將空曠地租給價值觀相近的團體，辦週末心靈或教育營地。像我這樣的訪客，也可以預約投宿。

居民日出而作，日落而息。白天年輕人到市區上班，孩子交給當值的保姆。果園裡，一位紅衣婆婆靈巧地攀爬上梯子採摘櫻桃；庭院裡，伯伯負責挑選熟成的果實；桃樹下，幾位婆婆悠哉地造果醬、揀蔬菜做沙律。近50個居民大部份是長者，還有中生代、青年以及七個孩子。19歲的 Luca Sing 是夢想社區孕育長大的孩子，就讀音樂學校。他六歲那年隨著祖母 Ruth 一家三代來闢荒。整個童年都在創造，木頭、金屬、

廢棄物都是他的玩具，爸爸帶著他做出各種有趣的玩意。他
最新的發明是廢銅爛鐵砌了部電動車——將廢棄的摩托車截
成兩半做成兩個前輪！

「這間屋是最美的空間之一！」有一間屋對居民來說意義非凡。
一位年邁的婆婆在這離世，彌留時房間四周點滿蠟燭，家人和
好友都圍在身邊為她唱誦，她帶著微笑平靜地閉上了眼睛。後
來，新搬入一對年輕夫婦，孩子在此出生，由社區的助產士接
生。一間牢房改造的屋在短時間內完成由死到生的能量轉化。

這個社區推崇集體決策，小到要不要買一部洗衣機，大到修
葺古蹟的計劃，會分成多個小組，組內達成共識再匯入社區，

確保每個人的聲音都被聽到。然而，分歧在所難免，老樓翻新過程便有諸多掙扎，莊園共有20棟建築。1,000多平方米的住宅區域需要翻新。有人想簡裝，其人想豪裝；有的要快，有的要慢，例如污水回收的工程，就遲遲無法達成共識。為了避免分崩離析，在衝突升級之前，他們請來調解專家介入溝通。

居民看重心靈的自我成長，學會聽到別人的聲音，也聽到自己內在真正的聲音。「衝突是生活的一部份，但我們一直營造非暴力溝通氛圍。衝突的出現，有時源於每個人性格差異。」Inka Engler 亦是當年創始成員之一，退休前是位助產士。她說話慢條斯理，讓人感到寧靜祥和。「聽到別人的反對意見，有時會混淆到底是在攻擊還是單純表達。若不喜歡他人的意見而心中產生強烈情緒，也許是自己過往的經歷和內心問題的投射？因此衝突來自每個人的內在，我們都不斷學習先處理好自己，而我們永遠有空間建設更好的關係。」他們希望避開資本主義社會中人與人的隔閡與冷漠，難得走在一起，人與人之間的關係也是一場必須的修煉。

當年七位創始人仍留下的有三人，十多年來陸續加入新人，各人來去自由。不過，想入住這個社區，需要集體「認證」，彼此有一年時間做為「適應期」。社區會在一年後決定某個人適不適合留下來，土地和建築物的所有者不屬於個人，而是合作社。所有的夢想社區成員都屬於合作社一員。根據住房修繕的狀況，成員要為居住支付相應房租，暖氣費另計。

「本來以為這麼多老人，我一定要做很多事。結果相反，大部份工作都是老人家完成的。若有孩子需要照看，五分鐘內就有人來幫忙。」一位30多歲的成員說，這裡的長者獨當一面，

幹活和拿重物不在話下。Georg Böse 一家三口入住半年左右，他們家富有童話色彩，繽紛的外牆上有各種動物的趣致雕塑。他是位社工，而妻子 Nadine Hauswald 是位音樂治療師，女兒 Mine 兩歲，穩穩地坐餐椅上。這對「80後」夫婦渴望與人連接，喜歡身處大自然的集體生活。「我們的生活更加健康了，這裡的伙食非常好，大部份菜來自後園，有機天然，而且每餐集體吃飯，氣氛很溫暖。」

1936年出生的 Katharina Hartmann 當初是為了追求一個「綠色的老年」來到這裡，一住已經11年了。她40年前開始素食，一直想在這樣的生態社區中生活。「生活在這裡十分幸福，我病了他們會照顧我，就像我現在照顧他們一樣。在一個成長中的社區，每天都有新的發現。「現在比年輕時過得更開心，早上醒來，太好了，新的一天開始了，晚上睡前感恩，謝謝

上天，今天過得真好。」

好幾位成員年輕時離了婚，年老亦不再依賴婚姻伴侶關係給
自己帶來幸福。「只要有好的陪伴，便會過上理想的老年生
活。」留著一頭蓬鬆的長髮，70多歲的 Marita Schneider 退
休前是位建築師，早在45歲便開始籌劃人生下半場的生活方
式，她一直嚮往集體生活，在德國西部實踐過建立社區，但
做好了一個社區很快變成地產項目——因越來越多富人入住
而變味。2004年開始定居這裡，此前三年都是短期試住。

Marita 65歲開始學潛水，又到印度和斯里蘭卡流浪學瑜伽和
禪修。「人生本是一場探險，而老年是當中有趣的一段。年齡

漸長，人感到更加淡定而自由，皮膚白點黑點，身材胖點瘦點，已經不在乎了。雖然皮膚鬆弛，體力減弱，但是我接受自己——拒絕變化就是拒絕自己。不能久站？那就坐下來吧。腰痛？那就感受這個痛的細微變幻吧。」這個德式桃花源裝滿了夢想，行動將它們一一實現了。老年的幸福感落入身邊種種細節中：讀書的某一瞬間，與人對話的某一瞬間，望見大樹扎根大地的某一瞬間，日常平常，就是詩意。

社區養老

IDEA

12

從性小眾的
孤島到
老年同志的樂土

柏林被認為是世界上最寬容的首都城市之一，其多元文化亦體現在對不同性向的包容上。同志諮詢服務機構 Schwulenberatung 2012年建造了住宅區 Lebensort Vielfalt，意為多元居住空間。

住戶經過精心挑選：六成55歲以上的男同志，兩成女同志，另外兩成年輕的男同志，最年輕的住戶24歲。24間獨立單位與一般住宅無異，整棟樓有心理諮詢辦公室、公共平台、花園、餐廳，有活動室舉辦音樂會、戲劇以及文藝活動，圖書館有5,000本出版物關於性小眾話題。共用五年時間將一片沙地變成了滿園春色。

這裡每週都有同志長者的清談小組，討論日常、關於性、健康或者社會大事等等。週末的跳蚤市場，住戶紛紛擺檔賣東西，有祖母的繡花杯墊，有書，也有自己的畫作。買賣是次要，主要是聯誼，邀請周邊社區可以來了解一下同志社區的文化。

住在頂樓的 Bernd Gaiser 從閣樓的天窗可以望見星星。他的家以黑白為主色調，一室泛著的柔柔光影，沉靜而素雅。精緻的藝術品和狂野的畫作，透露了主人內心情感之充沛。48

平方米大，租金約600歐元。「能夠在市中心住這樣的房子真的很幸運！」Bernd 談吐優雅，又帶著幾分柔情。克里斯多福大街遊行日（Christopher Street Day，簡稱CSD或同志遊行）是歐洲大型 LGBT 群體年度慶典和遊行活動。1979年，Bernd Gaiser 正是第一屆柏林同志遊行的發起人。

1950年出生的 Bernd 是海德堡人，1969年到柏林定居，一住就是50年。他20歲出頭就出櫃了，當時他在書店工作，化了妝穿著裙子去上班，「大家驚訝，但是友善。書店氣氛異常自由。」不過那時代他和男朋友出去租房住，無人肯租給他們。最後找了一位「女友」友情演出才租到屋。

Bernd 年輕時有個20歲的舞者好友，被劇院錄取了，卻因同性戀身份被檢舉，最後不敵壓力而自殺了。這件事點燃了他心中下決心推動同志權益政治火花。「必須做點甚麼來改變現狀，我希望以後不要有任何人因性向不同而遭受不公平待遇。」1968年的學生運動中，同性戀學生也將議題政治化了；1970年代，導演羅莎‧馮‧普朗漠（Rosa von Praunheim）的電影發出強烈的聲音：「同性戀不是變態，變態的是他所活著的社會。」那時同志權益運動如火如荼——各種權益組織如雨後春筍冒起，越來越多抗議者上街遊行。

「只有當我們同性戀者願意站出來面對大眾，才能使人們改變對我們的態度。我是人，不是怪物！」Bernd 組織過大大小小的示威，1979年和朋友 Andreas Pareik 一起策動首次柏林同志遊行，當時有500人加入。時至今日，已發展為每年約50萬人參加的盛事。

Bernd 做義工探訪那些行動不便的年邁男同志，雖然已經被社會接受，但他們內心依然有被歧視的陰影，又害怕又寂寞。住安老院已是迫於無奈的事情，而對性小眾來說更像漂流在孤島。2003年，他加入一個男同志談話小組，大家定期見面，分享心事，有共同的心聲：「如果有個地方給我們相依為命，該多好啊！」後來他參與 Lebensort Vielfalt 的新構思，這是退休後最讓他驕傲的一件事。「住在這裡真的很自在，人與人有默契！」他是這裡的圖書館館長，畢生的知識都繼續用得上。

「我年輕時候曾擔心過變老，感覺似乎過了30歲，生命就結束了。現在反而不怕老，最重要的是有健康。有了健康不怕老。這個年紀，想要做甚麼就做甚麼。有一天如果我認識一個伴侶，那就更加美好了。」少年時代，Bernd 與初戀情人被

父母棒打鴛鴦分開了。後來，對方結婚了，至今70多歲還沒出櫃，而 Bernd 卻在柏林開展另外一個人生。「如今我不再膽怯，若時光倒流，必定勇敢地說：這是我自己的事！」

老年的時候，有好朋友特別重要。他們八個好友一起買了塊特別的墓地——墓主1927年就長眠在那裡了。因是無人打理的荒墓，他們買下這塊地，盡責任好好照料。此外，還做了大量研究，追溯了墓地主的平生故事，甚至寫了本書。「那裡是我們最後的家！我們不是想著死，只是早早安排好，現在一身輕鬆呢。」他說，現在每多活一天都是快樂。

「在這個時代生活在這個國家，住在這個地方，已經足以讓人感到幸福。」 住在另一樓層的 Klaus Becker 退休前是位婦科醫生，搬來之前住在柏林近郊。「80歲我還可以爬樓梯嗎？有天若是忘記了自己的名字，怎麼辦？」突如其來的念頭讓他開始思老，並申請搬入這個住宅。「這裡很多人認識我，將來至少可以幫忙記住我的名字吧。但最自在的是無須解釋，如果是別處，人們會有意無意八卦問起伴侶啊，孩子啊⋯⋯」這是他理想的老後生活，關上門有私人空間，走出去平台有人

可以一起喝咖啡。

「早上起來照鏡子，原來你還活著！真好。我接受我自己是誰，現狀就是最好的。我不會扮老，也不想裝嫩。」73歲的Becker穿戴簡約雅致。他68歲時邂逅了比他小19歲的戀人，幾年前他們結婚了。「老年與年輕相比，愛沒有變化，也許性不一樣了。如果你75歲，相比起25歲的人，你有了50年的經驗，日子不是白過！老年為我打開了更多的門，很多可能性，我更加耐心、開放，有好奇心。」婚後他們不住一起，距離是騎單車20分鐘，每週見幾次，「這樣恰到好處！」

歐洲首個老年男同志護理社區

作為歐洲首個為老年男同志專設的生活輔助社區，有一層樓

是共居公寓，護理員24小時全天候照顧，包括打針、跟進用藥、物理治療、提供三餐、陪購物、協助洗澡等。八位同志長者共居，各有各自的房間，共用廚房和浴室，他們或因疾患而行動不便，或有認知障礙。每月500歐元租金，護理費用約1,000多元，由長期照護保險金支付。

與一般的安老院不一樣，這裡是一個溫馨的家，讓同志長者領略到歸屬感。淺蜜桃色的牆帶來柔美溫暖的氣氛，開放式廚房的紅色工作枱十分醒目，屋內四處放有鮮花。雖然坐在輪椅上，但每個人都有自己的天地。有人準備去做瑜伽，有人剛剛跳舞回來，手裡還捧著一大束花。共居生活，有共餐時間，但每個人亦可決定甚麼時候吃，若遲點吃，護理員 Michael 會幫他們加熱。明明剛剛吃過早餐，有位伯伯卻不斷喊餓。Michael 一口一口餵他吃雪糕。Michael 原本從商，幾年前轉行做護理員。「對我來說，這不只是一份工作，而是一份使命，很想好好照顧這些沒有家庭的老男孩。」

訪問期間，巧遇來自香港的留學生 Bernard Wong，他當時在這機構實習，主持清談小組，也做行政工作，偶爾為護理中心的長者做個港式咕嚕肉調劑生活。在他看來，德國長者比香港長者更自立，有自己的生活，社會保障讓他們財政獨立，不必依賴子女的照顧。相比起香港，德國社會對性小眾很接納，他們表達自己性取向和性需求是一件正常的事情，甚至是一個普及話題。「他們付出了青春去貢獻社會，社會回饋老人是天經地義的。社會福利是一種人權，也是一種對人的尊重。」因此，在德國，即使「老人家」加上「性小眾」雙重身份也能夠過得有尊嚴。

「如果我是一個同志，而且還是一個老人，潛台詞是沒家庭，

沒子嗣，那麼老來該怎麼辦？我們希望安頓性小眾群體的老年，讓他們免卻孤苦無依的擔心。」項目負責人 Marco Pulver 說，住安老院難免遇到貼身的問題諸如「太太怎麼樣？怎麼不結婚？」他希望培訓前線照顧員增加一個概念：不是每個人都是異性戀。孤苦無依的時候依然感到被接受，相信這是作為少數族群的心聲。而他不久前被邀請加入柏林老年諮詢委員會代表同性戀群體的權益，就老年福利政策給意見。

1871年德意志帝國時期頒佈第175條刑事法，規定同性戀屬於犯罪行為。該法徹底廢除是在兩德統一後的1994年。2017年10月1日，德國同性婚姻正式合法化，並享有領養孩子的權利。德國同志權益運動的漫漫長路，終於走到了這一天。

同志諮詢服務機構 Schwulenberatung 總經理 Marcel de Groot

表示，柏林大約有20萬男同志，10萬女同志。法例雖然改變了，但許多老年同志在年輕時候都有過被歧視的創傷，這種恐懼感延續到老年，同志很難融入一般老人院的群體，例如他們也許不希望女的護理員來協助洗澡，如果一些話題難以啟齒，便會將自己藏起來，人也漸漸越來越封閉。志同道合的人住在一個社區，感到自由，不怕人指指點點，大家心領神會，可以舒心、安全地成為自己。

他們向政府申請買下這棟大樓改建為安老院，用了六年時間才實現。600 萬歐元的資金逾一半來自 Stiftung Deutsche Klassenlotterie Berlin 基金會，其他來源包括 Deutsches Hilfswerk 基金會、私人和公共貸款、捐贈和贊助。政府有一塊地專門保留給 LGBTI 照護社區，Schwulenberatung 2017 年投標成功，將會建更大的性小眾社區，計劃可能設有幼稚園給 LGBTI 家庭的孩子。

這樣的多元性向社區大受歡迎，目前申請入住的名單上有 400 人在排隊。在德國，Gay 不是一個問題，正如老年也不是一個問題。

社區養老 | IDEA
13

在安老院
談戀愛

午後，漢堡安老院 Stadtdomizil 的活動大廳舞曲響起了，年輕的護理實習生們紛紛伸出手，邀請公公婆婆當舞伴。老人們以有限的行動力姍姍起舞，坐輪椅上的婆婆隨音樂節奏輕晃。唯獨一位紫衣服婆婆安靜孤獨地，仿若置身事外。有位白衣女士見狀，走過去坐在婆婆身邊，牽著她的手。紫衣婆婆霎時被激活了一般，笑了，隨著曲子節奏愈發歡快，她在白衣女士的臉上連親三次，白衣女士笑容甜美，也親了婆婆兩次。後來才知道，白衣女士是安老院的服務主管 Michele Metke。

這裡住了 200 位院友，大部份有較高護理需求，近年還有一些宿位給殘障年輕人！院友年齡從 39 到 102 歲，到底是播放古典樂，還是流行曲？有時候需要好好做一番調查。每週末必定有一位高層當值，好讓家屬隨時找到。院舍有一個質量評估小組，看每一個活動參與人數，萬一太少人，活動會調動。工作人員和長者吃的一樣，餐食也曾被定期評估，發現剩食多了便是時候要換餐單了。

和老人一起跳舞的紅鼻子小丑

安老院的特約壓軸節目要登場了。Susanne Bötel 在臉頰塗上

兩個小圓點腮紅，當她戴上紅鼻子那一刻，聲調和舉止瞬間變為另外一個角色──Rosalore，一身粉紅、圓嘟嘟的喜劇形象。蝴蝶結、眼影、裙子都是粉紅色，白色襪子上有粉紅波點，這是她固定的造型，沒有年齡，亦不在乎體重。

Rosalore 出場了，笑聲和歡呼聲響起。

她先來一段獨角戲：「我有個大肚腩，圓滾滾，軟綿綿的！肥也是一種美呢？還是我應該少吃點呢？」
「我也有個圓滾滾的肚腩！」伯伯說。
「我的也很圓。」阿婆說。
「我的也很大！」老人們紛紛頂出肚子，有的還捏一捏鬆鬆的肚腩肉。

「今天下午，我突然想談一場戀愛，不知道應該選哪一個呢？」
Rosalore 表情誇張，在諸位長者身邊徘徊。

「這裡有兩個男人，你可以選。」有位阿婆認真地建議。
「不用選，兩個都拿下！萬一有一個壞了，起碼還有一個備
胎！」有位阿婆提議，大家頻頻點頭附和。
「不行，怎麼可能呢？」一位阿伯開口了：「所有人都一起戀
愛吧！」霎時間，眾人嘩然。

他們當中大部份患有認知障礙。Rosalore 繞場一周，腳步時
而笨重時而輕盈，給垂頭喪氣的老人一份驚喜——為他們戴上
個紅鼻子，這唯一的道具，給老人帶來無窮歡樂，笑聲縈繞
著大堂，傳到了花園。一身粉紅的「笑彈」Rosalore 經常出
現在認知障礙症長者身邊，鮮明的形象已廣為人知，發展為
副業了。「小丑不只是滑稽，感情和情緒都是非常豐富的。」
她以直覺來做即興的互動表演。

95歲的伯伯愛上這20歲的 Rosalore，親了一下她的臉說：「我還想和你一起跳舞！」80歲的婆婆覺得小丑正是小時候的自己，看著看著就緊緊抱住了，忽然淚如雨下……有時，Rosalore 只是坐在那裡不說話，讓大家自己打開話題。有時她和老人一起跺腳生氣，然後一起大笑。「老人內心有很多情緒無法表達，這樣簡單直接的溝通方式，可以幫助他們像孩子一樣，和小丑一起盡情抒發內心的感情和情緒。」

52歲的 Susanne 小時候想過當演員，後來考慮現實生活沒走上這條路。她本職是保險公司市場營銷，十多年前專門學演小丑，塑造 Rosalore 這個角色。「Susanne 追求學術型的腦袋充滿分析和判斷，但 Rosalore 天真、浪漫，正面，總是活在當下。」離開老人院的時候，Susanne 單車籃子裡的三百個「紅鼻子」鮮艷奪目。這是她不久就要用到的殺手鐧。

◇◇◇◇◇◇◇◇ 就算88歲住安老院，也有人追 ◇◇◇◇◇◇◇◇

第一次偶遇後，難忘那個溫暖可人的笑容，實在太美！很想將照片送還，很想知道她的故事。就在旅程結束那天，上飛機前四小時，我再度去安老院試試找她。工作人員說她芳名 Christa Riedel。

漸漸逼近 Christa 的房間。這樣未約登門，內心多少有點忐忑。門開了，沒想到她眼神流露出絲絲驚喜，而非驚嚇，對不請自來顯然並不介懷，甚至報以爽朗一笑：「今早剛剛有報紙來過拍照！」原來她幾乎成了安老院的「代言人」，時不時要出鏡。她接過我沖曬出來照片，樂了，開懷大笑。我請她轉交其他長者，卻又擔心麻煩她，她反倒爽朗地說：「當然不會！相當樂意，這將令我非常受歡迎，真是個美差呢。」

生於1930年的 Christa 明眸皓齒，年輕時候當過秘書。她說，很感恩自己有美好的婚姻，「我這一生沒有甚麼可以抱怨了。」丈夫總是讚賞她，視她如珍寶，無論她穿甚麼都誇獎美麗。「你今天最美！」每天聽到這樣的話確實心花怒放。他們兩個人的個性雖然很不同，但是一生相愛相敬，直到最後的告別。

11年前先生去世後，她開始登記想入住這間安老院，每年打電話來問甚麼時候有宿位。「我看過很多老人院，大多數都是死氣沉沉，毫無生機！但是這裡氣氛很好，很自由，有趣的人真不少哩！」喪偶之後，Christa 一直獨居，幾年前開始心律不齊，好幾次暈倒在家，被送入醫院，2016年10月就開始住進來。

沒想到，花容月貌的她身患骨癌！肩膀和雙腳都動過手術，醫生建議她再也不能獨居了。她剛剛入住老人院時，「一度沮喪到想死」。身體有很多疼痛，孤獨包圍著她——玩在一起的大多數老友記都腦退化，你和她們講故事，無論講了多少次，她們很快忘記一切，連你都忘記了。Christa 無奈的是很難建立友情。「不過，正面的是每次講故事，他們都很認真聽，就像第一次聽一樣，於是你可以無限次講自己的故事……」後來，她特意買來兩本研究認知障礙的書，潛心研讀以了解身邊這些老友記的病情，想多一些明白他們的處境。

日復一日，大家日益熟絡了，她學會擁抱這些健忘的院友們，也習慣了在安老院的生活。職員的關愛，也讓她終於明媚如初，恢復了笑容。她的窗外有樹，房間明亮又溫馨。房間原本統一標準佈局，她卻有自己的主見，慢慢布置，越來越充滿個性，「我越來越願意停留在房間多一些。」閒暇時她開始創作，作畫布置房間，也送給朋友，這樣可以忘卻疼痛。

好奇問她養顏秘方,她神秘地拿出兩罐法寶:60歲之後用牛油果精油加入妮維雅面霜塗臉。「以前皮膚更好,這幾年生病了,所以遜色不少!」我好奇摸了摸她的臉,她也摸了摸我的臉,我們都互相恭維:真滑。

安老院有許多娛樂活動和興趣小組,老友記聯誼甚密。Christa 從來艷壓群芳,87歲仍然「電力」十足,院內仰慕她的伯伯多著呢。她透露只青睞最醒目的一個,「現在只是好朋友。我們相處起來非常投緣──因為兩個人都不是笨蛋。」她笑起來像一朵盛放的鮮花。

一年後,Christa 戀愛了!被一位比她小幾歲的老男孩俘虜了芳心,但他們還是住著各自的房間。2019年,Christa 的病軀遭受著痛,但無阻心靈的自由。89歲芳華的她,正在安老院享受著愛情。

當翻譯和司機。離開 Arnsberg 那天，我終於問 Marita Gerwin：「你為甚麼每天都為我安排三、四個訪問？實在瘋狂，挑戰極限呢！」

她俏皮地眨了眨眼睛，興奮地一吐為快：「當我讀到你的電郵說：我的行李箱比我還重，請幫我找個帶電梯的『無障礙』酒店可以嗎？不然，我需要一個熱氣球了⋯⋯那時我就知道，這個女孩有點瘋狂，應該和我們合得來！」

我們四目相視，沉默了兩秒，一起放聲大笑。

Arnsberg, A City Without Loneliness

沒有孤獨的城市

德國西部中世紀小鎮 Arnsberg，面積一百九十三平方公里，約是香港的五分之一大小，只有七萬五千位居民，約是香港人口的1%。目前22%居民逾六十五歲，預計二〇三〇年，每三人將有一位超過六十五歲。

一九九五年，這裡每位「50+」的居民都被問到：「當我老了，想怎樣生活？」當時德國六十五歲以上的人口比例約15%，Arnsberg 卻提前二十年部署人口高齡化的未來。二十多年來，全民朝著一個共同的願景：齊心塑造一個長青而美好的城市。二〇一〇年，Arnsberg 被德國媒體稱作「關愛社區」；活力城市（Lebendige Stadt）基金會亦將其評為德國「長者友善城市」。

我在小城探索二十一天，行程密鑼緊鼓，每天享受「五星級」待遇——幾位七十多歲長者輪流為我

老幼共融　我們家的祖父母

Arnsberg 位於北萊茵西法倫州（德語：Nordrhein-Westfalen，簡稱北威州），地處 Sauerland 地區西北部，小城被森林環抱，魯爾河從城南蜿蜒而過。早在公元789年，加洛林王朝中的紀錄就提到 Arnsberg 了。

徐步走向老城區，遠遠望見那白身灰穹的老鐘樓地標──早期哥德式的古塔戴著巴洛克風格的洋蔥圓頂。在舊市集廣場，這守護著老城800年的鐘樓與身邊300歲的市政廳、對面200歲的噴泉，「多代」建築共融，構成了老城中心的「客廳」。

老市政廳（1710年）外牆的聖母瑪利亞像（約1500年）曾經歷多場大火，卻神奇地安然無恙！而臨近的一堵老石牆卻鑲嵌著五顏六色的 Lego 方塊積木。老石牆破損了，在這塑膠時代，藝術家以彩色「塑膠磚」拼合補牆，這般童趣叫人會心一笑。

Arnsberg 的個性充滿喜感，既有古老城堡廢墟，也有最新的智能住屋，不僅新老建築物相映成趣，城中老幼亦是樂成一片，人與人過從甚密。陣陣香味從臨街的多代中心撲鼻而來。82歲的「社區祖母」Uschi Lohmann 站在廚房正中，腰繫圍裙，手持木勺，微笑著大展廚藝。今日的主食是家鄉大燉菜，爐子上有兩個大湯鍋，青豆、胡蘿蔔、薯仔和洋蔥「噗通噗通」跳動，新加入的百里香和月桂葉搶奪先聲，誘使你的胃激情翻滾。

幾位少男少女嬉笑著做副手，有人洗菜，有人攪拌，「嘗試一下將梨和蘋果切成四等分如何？」Uschi 呼喚新進來的女孩加入一起做沙

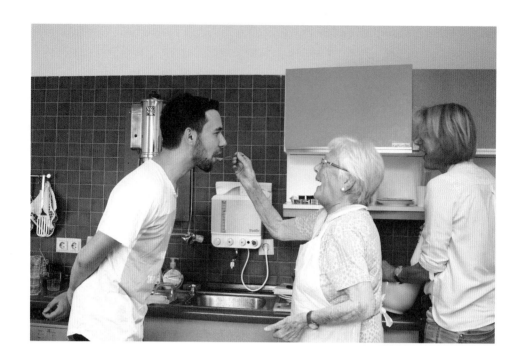

律。廚房是開放的，誰都可以自由參與做點事。

湯煮好了，Uschi 舀起一勺，遞到小伙子嘴邊，試試是不是年輕人
喜歡的口味？「好極了！」獨自做飯、獨自吃飯很是寂寞，來這裡卻
有人說說笑笑。Uschi 想證明自己的能力，於是將心得傳授給年輕
人，和其他人一起創造一些東西。長者和年輕人每週末聚會，也有
實習生來了解社會服務。

「開餐了！」街坊們默契地把小桌子拼成長桌，有人靈巧摺餐巾，有

人插花。雅致的三小瓶，薰衣草和粉紅小玫瑰，配上一小把翠綠羽衣草，移花入室，令人心怡。幾代人共餐，一位小伙子伸出了紳士之手，主動問身旁婆婆：「需要點胡椒調味嗎？」

這間多代中心（Mehrgenerationenhaus）前身是家庭中心，和青年中心只有一門之隔，但卻緊閉了40年。中心的負責人 Petra Fromm 奇思妙想，提議把這道門打開，讓不同世代的人可以一起做點甚麼。因此，有了這個叫「Brutzelküche」的銀青廚房，自從2017年，這個開放式廚房主張以「古老」食譜烹煮「新鮮」蔬菜，邀請不同世代的人一起煮食，以「胃」來凝聚社區。同一地點，平日是為長者專設的「永恆咖啡館」（Café Zeitlos），年輕人和長者時常茶敘。有了聚腳點，一些沉默寡言的長者漸漸變得開朗了。

多代中心內有木偶工作坊，不同世代的人在這裡學做木偶，從一針一線縫衣服、眼耳口鼻的設計開始做起。工作坊負責人 Christine Linn 說，木偶的角色從傳統童話到「哈利波特」，再到「星際大戰」，人人各有所好。放鬆的氣氛讓人們舒心交流。有一位患有認知障礙的92歲婆婆忘記了一切，但是造起木偶卻很自然用她以往最喜歡的粉紅色。

青年中心的馬戲團亦招募長者一起創作和演出，由5到95歲，40多人集訓八個星期後，老少同台演出。即使項目結束了，但人與人的關係繼續，例如敘利亞的難民孩子就認了本地長者做祖父母。

多代中心是一個對所有人開放的聚會場所，誰都可以來，不管年齡和出身。聯邦政府與地方政府在全德國共同建立了550多個中心。

每年四萬歐元的資助，包括聯邦和歐盟資助三萬及地方政府資助一萬。幾乎每個城市都有自己的中心，扎根當地社區，提供兒童學習班、青年職業培訓、護理培訓、外來移民德語學習班等等。地方政府、企業與志願者協會、文化或教育機構密切合作。每個中心的風格都依著當地特色來營造，可謂百花齊放，而共同之處是圍繞長者及其護理、不同世代的融合和教育、提供與家庭密切相關的服務、義工服務。人們在這裡相遇、相聚或自由發揮，做一些創造性的事情，共同活動來加強鄰里關係，成為很多人繼續互動的起點。

在 Arnsberg，到處可見老少共融、長青互助的多世代項目。不只是政策，更是讓人交心。逢星期二，Laurentianum 中學和 Sankt Anna 安老院一起進行早餐聚會。同桌共餐的有中學生、難民孩子、殘疾少年、認知障礙症的長者。孩子能力有所不同，老人也一樣。Kampmann 婆婆告訴坐在身邊的男孩，她像他一樣大的時候，每天四、五點起來看顧農場養的奶牛和豬，男孩瞪大眼睛，靜靜聽著。「來這裡真好！興奮極了。」婆婆說了四次。

83歲的 Wienecke 先生和孩子們從吃的談起，北德家鄉的香腸十分惹味。他懂德文古文，卻因中風不能寫字，曾當了42年的士司機，認識大部份區內的居民。「安老院只有老人！來這裡和孩子吃個早餐，交談一陣好有意思。」同桌的 Alexandre 是個熱愛體育的六年級男生，爺爺奶奶生活在葡萄牙，這些聚會讓他學到如何跟老人交談。波蘭、土耳其、意大利、比利時的移民孩子也都沒有祖父母在身邊，卻在這裡遇到了德國「祖父母」。

早餐吃完，巴士來到學校門口接長者回去。幾位長者依依不捨，好想留下來繼續玩。小女孩安慰著淚汪汪的婆婆：「很快我們下星期會再見的！」婆婆已經忘記自己的名字，但在這裡感覺到快樂，不捨得走。聽到小女孩的安慰，破涕為笑，給了孩子一個吻。

「花有重開日，人無再少年。」這樣的老少互動，常常提醒年輕人莫負好時光。

當你老了　想過怎樣的生活

在德國約見官員，比在香港容易許多，居民可以 Whatsapp 聯絡市長！我好奇一個城市領導者，如何去看待高齡社會的挑戰？傳說中那位領導有方且親民的市長 Hans-Josef Vogel 和我分享了他的洞見。

「這是一個前所未有的挑戰，歷史上從未發生過如此大規模的高齡化，而應對這新挑戰需要新策略和新思維。德國三分之一的城市都在面對人口老化的社會現狀，每個地方都要尋找自己的模式和出路。」Vogel 從政前曾在德國最早應對「人口變化」的政策研究所工作，高齡社會是他關注已久的領域。他這樣比喻一個老化的城市：孩子日漸長大，小時候的衣服變得「衣不稱身」；當我們日漸變老，城市這件「大衣裳」也變得不合身了。因此，城市管理者必須以新思維來規劃建造城市，便利與日俱增的高齡世代。

民主社會的公共事務從構思到決策，從推行到監督，市民都能參與其中，但難免歷時較久。例如拓寬市內一條 30 公里的河道，前後用了 15 年時間。在高齡化議題上，Arnsberg 有先見之明，1990 年代中，當地政府陸續改善城市的基礎設施使其更方便長者使用，更寬闊的人行道，調整行人綠燈轉燈的時間以配合長者步速，增加街道的長椅以便休息……實際上，這些變得更加光亮、無障礙的街道，不僅對長者有助益，也是方便了所有人。

1995 年，市政府向 28,000 名 50 歲以上的市民發問：「當你老了，想過怎樣的生活？」調查問卷邀請公民集體思索：20 年後我將會如何？我希望住在一個怎麼樣的城市？而今日我們要做甚麼準備？

過去20多年，政府和整個社會一直在實現答卷上提出的願景：大多數人希望在自己的家生活到最後，居家養老，晚年在自己熟悉的環境，而不是入住院舍；希望自由學新東西、享受文化藝術，參加各種活動。簡而言之：老得不孤單、老得有活力、老有所為。

Vogel 說，思維上，一個城市應該兼容不同的世代，並非老了才開始準備老年生活，城市政策必須前瞻未來二、三十年。策略上，高齡人口的未來並非只依靠聯邦政府和州政府自上而下地規劃，而是由公民自主共創，例如許多退休族想參與公共事務，當局會提供一片土壤給他們自由發揮。「你想做甚麼？我們支持你實現。」

「城市規劃和建築設計通常由年輕一代操刀，老後生活並非他們考慮的議題。一個行動不便的獨居老人倘若住在二樓卻沒有電梯，生活與坐監無異。」61歲的 Vogel 因膝蓋出了問題需要做手術，以枴杖輔助行走，他前所未有地體會到原來自己從年輕住到現在的房子已經不合時宜。「80歲的時候，我如何邁過這些樓梯級呢？如果市中心才有超市，住在郊區的我怎麼辦？15年、20年之後，孩子長大外出工作，我和太太還會健康地一起生活嗎？我也有可能住去護理院。而作為政治家的老年會是如何？如果我失去了健康，錢不夠，又會如何？我不是特別個案，很多人都面臨這些情況。」

因此，他所思考的城市方向大至「智能生活」、「低碳生活」等概念，小到建築設計如何兼顧活到100歲的宜居細節、投入多少資源加強科技輔助，培訓醫院各科提升認知障礙症狀的敏感度、教育服務業前線人員對行動緩慢的長者顧客多一些耐心⋯⋯凡此種種都是擺在

桌子上的議題。

Vogel 作為民選市長已連任18年。被問及在塑造長者友善城市所遇到的困難，不料 Vogel 卻說：「沒有真正的阻力」，不同政黨的政治力量都達成共識！「這是所有人的事。每個人都會老，我退休後也想做點事，如果我住在安老院，我也想要自由自在，我不想被視為一個編號，而是一個獨特的人。」

「人口老化一度是個十分抽象的概念，30年前人們以為老人多將會

讓城市變得老態龍鍾，又慢又鈍，心理問題頻出。但事實卻恰恰相反，高齡社會十分積極正面，老人讓整個城市變得很生動有趣！」長者熱心參與社會，讓 Vogel 津津樂道。十年前，義工年齡集中在40到60歲，而現在65到80歲的義工成為主力軍，有的甚至90歲還在做義工。更令 Vogel 引以為傲的是，「老年」話題已成為公眾教育，深入年輕人的心中。就連他七歲女兒看到電視紀錄片時都會關切地說：「我知道甚麼是認知障礙症！我去老人院探望過一位婆婆，她除了笑還是笑，心沒有退化，可以感受歡樂！」

2017年，德國法定養老保險金繳費額為員工稅前薪金的18.6％，僱主和僱員各付一半，聯邦政府預估，如果不採取應對措施，養老金繳費額到2030年將提高到22%，2045年增加到23.4%。2017年退休可領取的養老金大約是在職平均收入的48.1%，但由於就業人數

減少，即繳納養老金人數減少，而領取養老金的長者增多，政府估計2030年可領取的養老金將進一步下調為44.3％。納稅人每年會收到政府寄出的信，告訴你等你退休時預期會拿多少退休金，提醒人們這些錢可能不夠用，請大家未雨綢繆。Vogel 十分推崇彈性退休年齡，例如消防員60歲退休合理，但辦公室職員若過了65歲仍想工作又有能力的話未嘗不可：「我希望未來每個人都能選擇是不是繼續工作。」

訪問後不久，Vogel 被委任為 Arnsberg 行政區（Regierungsbezirk Arnsberg）長官，該區總共83個市鎮，人口大約360萬，差不多半個香港人口。

◇◇◇◇◇◇◇◇◇◇◇◇◇◇◇◇ **城市施政有長者的聲音** ◇◇◇◇◇◇◇◇◇◇◇◇◇◇◇◇

在 Arnsberg，議政體系沒有排除長者。長者諮詢委員會是獨立於政黨、維護長者權益的組織，向政府提出他們的看法、訴求和經驗。作為鼓勵長者參與政治生活的倡議，Arnsberg 於1990年首次成立了長者諮詢委員會。最初兩任的成員主要由各個協會、聯合會和政黨提名。2000年之前，成員的平均年齡74歲。後來 Arnsberg 的長者就人口變化公開討論，並決定考慮吸收55歲以上的成員以加強民眾參與。因此，2000年重組之後，所有感興趣的55歲以上公民都可以參與，五個城區分會各有代表。任期與市議會同步，隨地方選舉每五年改選一次。

長者諮詢委員會被納入 Arnsberg 城市章程，由無黨派的19位成員和

19位候補組成，成員由市議會任命，但市議會成員不能同時擔任長者諮詢委員會成員。

長者諮詢委員會任命專家進入長者政策有關的工作組：社會、一般公民服務和公民參與公益活動；文化、旅遊和體育；策劃、建築和環保。他們關注的議題滲透眾多領域：住房、學習、護理、社會公益、銀青互動、公共交通、活躍鄰里關係等，為長者福祉、乃至整個城市的宜居做了很多努力。德式「成功爭取」是潤物細無聲。他們培訓一批「長者導師」——既是長者，又擔任長者的導師，專門為退休族度身訂造最適合自己的義工領域。如果想照顧小動物，應該去哪裡？如果擅長演講，可以做甚麼？「長者導師」助你人盡其才。

委員會爭取了活動空間，例如舊火車站大樓重新活化給長者免費用，

還說服政府每個月津貼商店以換取長者免費使用廁所，德國商場的廁所通常是私營要付費的。他們影響到政府為許多老房子安裝電梯，在長期病患長者家門口添加「急救錦囊」，緊急關頭救護人員來到，病歷藥物清單一目了然。德國的公務表格繁複，他們又籌劃了流動辦公室，定期在各社區為長者填表處理文書……

一輛有神秘使者的巴士

「一坐上巴士就很興奮，一開始不知誰有需要幫忙，久而久之就熟悉了，慢慢認識了車上的人。」Manfred Pollmeier 是長者諮詢委員會的一員，2013 年他在報紙看到臨近有市鎮推出巴士護送服務便於長者出行，於是決定效仿，並向政府申請。政府很快提供制服，讓他們看起來更加可信，他們給巴士公司宣傳單，先由三個人開始做起，後來逐漸壯大，越來越多義工參與。

這個服務叫做「巴士旅伴」（Busbegleiter）。Arnsberg 地形狹長，遠離市中心的小村落沒有超市，很多長者想搭車去市中心買東西，這本是他們喜歡的旅程，但是若要坐著輪椅或者需要帶著枴杖、助行器，老人家多少有點卻步。有了這樣的服務，給了長者出行的信心。

在德國搭巴士絕對沒有香港那種一秒慢不得的緊迫感。坐上一輛前往老市集的巴士，每次停站，司機會待每個乘客都坐下才緩緩關上車門。這趟巴士車後半部座位，有兩位穿藍色背心制服的阿伯笑容可掬，屏息凝視默默觀察乘客，每當一停站，他們立即站起來張望，

看看有沒人上下車需要協助。上下坡，上下車，有輪椅或者嬰兒車，他們第一時間伸手。若是有婆婆手提三大袋滿載而歸，顯得吃力，他們會主動一路送到家。

幾條特定巴士路線有這些「巴士旅伴」的身影。每週兩天，一天五班車，一趟兩個半小時，義工在市集日出動。他們喜歡與人打交道，希望做點事情對他人有價值。「有了他們在，出行多了安全感。」曾有乘客十分感激，忍不住想打賞點錢，義工 ·揮手：「非常樂意！」

高齡有未來　創意政府部門

2004年政府成立了一個全新部門叫「Zukuntt Alter」（Future of Ageing），我理解為「高齡有未來」專職部，既關注老人的未來，也

關注未來的老人，深信「未來」不限年齡，乃老少共同的未來。這個部門的誕生，正是政府架構的創新——直接對市長匯報，不隸屬於其他政府部門，可自由確立項目、選擇合作夥伴，免卻了繁複的行政程序，行動起來高度獨立和彈性。高齡社會的未來規劃，牽一髮而動全身，涉及交通、房屋、道路、護理、福利、教育等，正是需要這樣的部門搭通天地線。

「高齡有未來」專職部相信，建設一個城市的未來，不只是靠有好的房屋與汽車，還要重視人與人之間的關係，這個部門的獨特之處並非自上而下地規劃工作，而是挖掘 Arnsberg 的優勢：人與人緊密聯結的社區精神。每年僅20,000歐元預算，他們工作的關鍵字包括「人口變化」、「跨代對話」、「人脈連接」、「正向老化」，以社會運動來連結不同的世代，讓不來往的人建立長久關係。他們的強項是「打通關係」，把社會服務、醫療、藝文、教育等不同領域的機構統統納入一個天羅地網般的體系，共同來為長者塑造一個長壽而美好的未來。這個部門的創新運動在德國和歐洲獲獎纍纍，例如「德國社會參與獎」之「政治與行政」獎。

為高齡社會的未來開墾一片自主而有創造力的土壤，「高齡有未來」專職部主管 Marita Gerwin 十多年來是這場創新運動的推動者。「必須以全新的眼光來看待高齡化社會，不僅要看到負擔與挑戰，也要看到人口變化的機會。未來不會憑空而來，未來是由那些相信它並願意投入付出的人所塑造的，而我就是其中的一部份！其實也是塑造著自己的未來呢。」

「變老有很多面向和階段，『初老』能夠積極而獨立地生活；也有
一些『老老』階段被稱為脆弱的年齡——生病、無法獨立和自主地生
活，我們的使命是關顧不同的老年階段，關懷老化人群的50年——
從50到100歲。」

2000年，作為社工的 Marita 臨危受命，獲政府邀請研究那28,000
份調查問卷。她一頭扎入海量的資料中用兩年半的時間來研究。上
司生病了離職，一夜之間由 Marita 接班，「那陣子我的血壓飆升了
不少。」她說，晚上夢見自己要爬上一棟高聳入雲的樓，遠看有一根
長長的天梯，近看只有一根繩子，死死抓住這一根救命稻草⋯⋯「我
本來一直做青少年工作，突然轉為做老人事務，簡直是瘋了！」

Marita 習慣了逢山開路，凡事會找到正面的角度。她很快討教了德

國權威的老年研究學者並得出一個結論：為高齡社會做準備已經迫在眉睫，沒時間猶豫，立即動手吧！市長 Vogel 對她說：「做你認為對的事，我支持你。」這無疑成為放開手腳去做社會實驗的定海針。她找來各行各業各種有趣的人討論對創新老年社會的看法，「不瘋狂的人我不找的。」她日漸清晰自己的方向：高齡人口不能作為遺世獨立的存在，人要跳出自己的年齡組與不同世代互動。然而，老人會理年輕人嗎？年輕人想和老人玩嗎？顯然，年青人對長者還有不少刻板印象：偏執、古板，行動不便，一事無成……

在孩子心中塑造老人新形象

「老，到底是甚麼模樣呢？」童言無忌，他們先去學校讓孩子用畫描繪心目中的老人，結果孩子們筆下的老人不是屠弱地坐在輪椅，就是呆滯地盯著電視，或是愁眉苦臉，形象如老巫婆，十分負面！

「不如帶個真老人給孩子們看看。」Marita 靈機一觸！想到招募活力長者進入中學對談，好讓年輕人看看甚麼是真正的老人。一個新造的詞誕生了，叫做「Opaparazzi」，「Opa」（爺爺）與「Paparazzi」（狗仔隊）的組合。

「你還能做運動嗎？」
「當然！我一週做三次健身。」
「如果您不想回答可以不回答。不知道您可不可以談論死亡？」
「當然可以談，死亡亦是生命的一部份。我的丈夫剛剛過世了。」

學生自由提問，八位長者真情剖白。諸如你的初吻是甚麼時候？第一次性行為是幾歲？假使你明天駕鶴西去，你今天會做甚麼呢？話題涉及夢想、愛情、死亡、性……孩子們紛紛問了那些平時不敢問祖父母的問題，都被坦誠地一一「接招」。而這些內容後來製成聲音圖書館，搬入劇場，也成為公民教育的一部份。一場塑造高齡有未來的社會運動就此揭開序幕。

「我63歲了，到了一個允許有皺紋的年紀。衰老令人長皺紋、白頭髮、視力變糟，皮膚乾燥……這些都是真實的！但別忘了這個階段生命熟成了，更能夠反思自我，更能夠身心自在，這也是真實的。我相信我還可以是一個有魅力的人。然而，衰老本身並不受社會歡迎，沒有人想老去。因此，我們需要一些好玩、有趣的、創造性的方式來刷新人們對老年的印象：一種嶄新的、活力而真實的新形象。」Marita 總是流露出一種心滿意足的神情。

Marita 的工作是接觸關於老年各個階段的議題和細節。她自身深入思索著自己的老去會是如何。「只要不忘何為『重新開始』，老年會是燦爛的。如果你不停滯，每天做新鮮事、學新東西，那麼變老也會是精采的新旅程。活在過去是不夠的，要參與新的角色，面對新鮮事物和新挑戰，這些都是令人有活力的靈丹妙藥，年紀越大，我越是信賴自己的內心和直覺，找到了內心的平衡，擺脫外界的約束感。」她真是一位有激情有創意的「非典型」政府官，擁有一顆少女心，愛笑愛玩。她不以職位與人打交道，卻以友情工作，博採眾長。毫不誇張地說，只要認識 Marita 一人，就能將小城各種有趣的人都召集起來。她一呼，往往群山四應。

不久，一場多代劇場誕生了，主題是「變老，是甚麼？老年只有受苦嗎？還是一個刺激的新開始？」劇本由公眾集體創作，探討老年只有痛苦和不足嗎？還是可以有趣、興奮、活潑而多元？劇場連續公演了八次，至今仍是全城的熱門話題。他們還試過在劇院舉辦「老少咸宜」大派對，青少年站在舞台上將心中問題拋給台下的長者觀眾。一問「你甚麼時候做愛？」台下一時震驚，而後哄堂大笑。

一個裝不住記憶的箕箕

根據聯邦統計局 2016 年資料，德國 65 歲以上長者，每十個人就有一個患認知障礙症，人數達到 163 萬。每年新增患者人數達到 30 萬。隨著高齡人口日益增多，患病人數也就不斷增加。

2008 年，「高齡有未來」專職部創立「認知障礙學習實驗室」向大眾收集擁抱認知障礙症的想法，主張不再逃避和抗拒。於是來自民間的點子發酵成為一場擁抱認知障礙的社區行動。「年輕人不是要幫長者做甚麼，而是要和他們一起做點甚麼，一定要連結起來。」整個社區一起獻策，靈光閃現。

28 個小學生一齊去科隆市學習如何以藝術幫助老人表達情感。學成後，他們定期去長者醫院和日托中心做小丑表演，戴上紅鼻子，以幽默打通關係。笑是最好的良藥，一笑便打破隔閡。孩子們接安老院長者去青年中心玩，每週一次飯聚。一開始有「時差」──老人五點吃飯，但是學生四點以後才放學。後來，老人院將出遊的長者吃飯時間延至六點半。

青年中心有位坐輪椅的86歲伯伯是「投環」遊戲高手（拋出一個圓環去套玻璃瓶），幾乎百發百中，孩子們興奮地圍觀，熱烈鼓掌。「這是我人生最好的一年。」長者一年後去世了，孩子們在葬禮送別他，還設計了一個七彩帳篷給他安放骨灰。人生中第一次近距離接觸死亡。「死亡不是終結，只要有人掛念你，談起你，你就未有死去。」此後，在這些孩子的世界，談死亡不是禁忌。

擁抱認知障礙症的文化進入了幼稚園，孩子們通過遊戲理解他們的祖父母發生了甚麼事——認知障礙的是一種關於遺忘的疾病。

孩子們圍成圈，第一個孩子拿著毛線球，抓住一端，將毛線球扔給對面夥伴，接到毛球的孩子同樣抓住一端，再將球扔出去。如此一來，每人抓住一段線，最終交錯成一個網。在孩子們好奇的目光中，導師將一些小紙片和巨大的紙片拋向上空，飄落到網上，大家都興奮得歡呼。只見小的紙片紛紛從空隙跌落了，只有大的被承載著。

這張網象徵腦退化的祖父母的腦袋記憶，就如一個筲箕，有些東西裝不住了。網載不住的那些小紙片就像新近發生的事，留下的大紙片是他們以往人和事、音樂等。這個網本是密不通風，不過網組織出現問題而變得越來越稀疏，被網承載的東西逐漸流失，忘記了生活中新近的人事物。時間流逝，洞越來越大，舊的也漸漸流失，最後連自理能力也喪失。然而，腦部會退化，個人能力會退化，但心和感受不會，依舊有喜怒哀樂，依舊感受到愛和關心。

社區小店成就老年幸福

Marita 繼續播種讓養老話題成為公眾話題。她一饋十起,論壇、聚會、咖啡館,在各個角落、各種場合,人們都在討論老年居住:你想住在哪裡?一個甚麼樣的地方?想和別人一起住,還是獨居?老年的共居與學生時代有何不一樣?如果沒有家庭,或者家人身在遠方,不靠家人照顧,可以靠社區照顧嗎?你的鄰居是誰?你知道他們此時需要幫助嗎⋯⋯

而你,想要一個怎樣的社區?

「這些不僅是老年的話題,也是整個人生都應該考慮的問題。」Marita說,不能等政府、等孩子、等義工給你帶來快樂,改變要從每一個人

自身開始！有次，在咖啡館討論老年話題時，一位售貨員插話了：「如果很少人來光顧，五年後我們可能不在了。」此話叫人頓然一悟：宜居城市是各種細節的總和，大至城市規劃，小至麵包店，不是一個人的事，是整個社區的事。若是大家都不去光顧社區中的小麵包店、小咖啡館和小藥房，日後它們將逐一消失。當社區甚麼也沒得賣，當我們老到不能開車去購物廣場或者超市，到時應該怎麼辦呢？「人們應該好好想想為甚麼需要社區小店？假如現在不願意多付一點錢支持他們，日後將會失去它們。」Marita 聽說，多年前舊城區曾有位葡萄牙人開了家小雜貨店，他曾和街坊商量：如果大家答應會常來光顧，他將在對面街開一間更大的店，賣更多大家需要的東西。後來街坊紛紛以行動支持，於是，這家店在社區興旺至今。面對人口變化，一個社區應該做甚麼？這是一個持續思考和實驗的課題。

「難以想像，我即將來臨的所謂『退休』會發生甚麼變化？但且讓我看看會打開甚麼新世界。無論如何，令人興奮！目前我正處於人生的正中心，但願老後的我依然屬於社會，依然被需要；現在為長者建立的城市互助關係網絡與設施，也是為了我們共同的未來呢——我也將在這裡老去。」Marita 充滿期待地說。

將共同痛處轉化為創造力

沒想到「高齡有未來」專職部只有兩個人手！可謂神奇拍檔——快奔65的 Marita 與年輕高材生 Martin Polenz，一個激情澎湃，一個理性穩重。

在與 Martin 見面之前，我一度以為他是一位長者──從電郵中正式而嚴謹的字裡行間中猜測。大學畢業後，他放棄很多高薪厚職的機會，來到這寧靜的小鎮任職新部門，做很多的外展工作。原來，他的大學論文就是研究 Arnsberg，當時以學生身份訪問了市長 Vogel 如何應對老年社會和人口變化。

「我以為年輕人才會熱衷新事物，但是長者常令我大開眼界！年輕人覺得人生還有很長，還有無限可能，有時未必很堅定。長者反而清晰知道自己要做甚麼，雖然有固執的一面，但無畏新事物。」Martin 說，做這份工作一點都不老氣，常見到有人 80 歲開始新的關係、獨自長途旅行、學新的語言，於是對長者徹底改觀了。

政府如何說服市民共同行動，為將來做出改變？他一針見血地指出：「讓公民社會凝聚在一起，齊心塑造宜居的城市，需要一個共同的『痛處』──與每個人都切身相關並且迫切渴望改變的議題。高齡社會的未來，並非政府自上而下的事情，並非醫護人員、城市規劃師的事情，而要變成一個全民的話題，讓所有人有交集，每個人都參與其中，成為持份者，這樣才會共同承擔責任。有人想做點事，有平台；有人病了，有照顧；家庭出事了，有支援，就這樣互相支持著。」如果每個人都自歎自憐：「我很慘」、「我太老」、「不中用」，那麼社區就會陷入負面氣氛中。故此，Arnsberg 很注重為健康活力的長者充權，以他們為首來感染社區乃至整個城市。

這個部門的重任是創建各種渠道，鼓勵老人離開家中的電視機，走出去，做點新鮮事。每個區有為長者而設的協會和交際圈，織毛衣

小組、單簧管小組、閱讀小組，就算找不到心儀的小組，立馬自己組建一個！場地不是問題，籌備過程會有「長者導師」專人指導。實際上，城中許多大型活動都是由長者操刀的，節日和大型聚會亦未遺忘安老院的老居民。一年一度的射擊狂歡節，有位 50 年前扮演「王子」的長者想邀請行動不便的老友記參加。至於現場該預留多少輪椅位、音樂該多大聲、準備多少救護車後備、誰當司機、多少人手做接送，哪些路線便利長者等等全都安排得一絲不苟。「當義工的神奇之處不限於助人，還在於對義工自身的鼓舞——我的付出對別人有意義。」Martin 認為，退休族的生活圈縮小，不少人想尋找新的生活目標，而市議會開設的課程會協助他們找到退休後屬於自己的新領域。

「沒有人應該獨自坐在家裡，老一輩的巨大潛力來自他們的知識和經

驗，並且還有時間，退休後依然希望成為社會重要的一份子。」深入
議題多年的 Martin 早已成為這個領域的專家，承諾繼續開拓老城市
的新潛能。

2019 年 6 月，Marita 和 Martin 引進丹麥非牟利團體「輪轉不設限」
（Cycling Without Age）的新點子，推騎行無年齡限制──人力三輪
車是所有世代都適用的移動方式。由青少年做人力車夫，載著行動
不便的長者或殘疾人暢遊城市，感受微風拂面的歡暢。項目成本很
高，他們需要尋找合作伙伴來支持，但卻相信好的想法總會有辦法
實現。

活躍退休族 城市最美的景象

在上午的採訪中，70多歲的義工翻譯 Ilka Wolter 陪著我烈日當空下站著，突然她心臟不適需要立即離場去看醫生。怎料下午採訪她竟然又出現了！「我見已經無礙，想繼續完成我的承諾——這一天輪到我做翻譯。」如此一諾千金，讓人動容。

社會參與最活躍的一群是銀髮族，從 Arnsberg 親身感受，讓一個城市氛圍變得活潑生動，銀髮族實在功不可沒。他們用時間、智慧影響著城市的生活品質。我請 Arnsberg 一批長者將日程時間表記錄下來看看，每一張都排得密密麻麻，忙過年輕人，他們日常活動集中在聯誼、運動、做義工！

「退休後，我有充足的時間享受自己的興趣，也有充足的時間為他人做點事。」常聽到銀髮族如此心聲。許多人說德國人嚴肅、拒人千里，以我親身經歷，他們確實不愛八卦，不好打聽。但是實際上他們「外冷內熱」，出手助人義不容辭，人道主義精神是德國社會普遍價值。

德國人熱衷做義工，尤其是長者。聯邦家庭、長者、婦女和青年部每五年發布關於德國人做義工的報告。2014年的調查表明，德國全體公民（14歲以上）做過義工超過四成，60至74歲人口中做義工的比例同樣超過四成。長者義工服務的時間更長、更持續。 65歲以上長者有一半人每月做義工八小時，每四個人就有一個超過24小時。他們喜歡做社會方面的義工。

自創長者刊物

我在 Arnsberg 訪問時的另一位義工翻譯和司機是 Marita 的好友 Karola Hilborne-Clarke，有天日薄西山，我們驅車公路上正好望見一條彩虹。她即興一踩油門載著我一路狂奔去追彩虹——趕在太陽下山前抵達老城區的最佳視點。我們及時趕到，激動地跳下車。只見蔚藍天幕成為了舞台，中世紀的古鐘塔與教堂與一群優雅老建築集體靜謐，一起觀賞這細雨、落日加彩虹的大自然三重奏。

Karola 年輕時在英國生活過，講得一口倫敦腔英文。她行事果斷、古道熱腸，退休後一直在做各種義工。她是長者諮詢委員會的成員，組織每月一次免費「長者影院」，六元可以享用咖啡和點心，上映的大多是最新電影；還策劃數百人的老年嘉年華化妝舞會……她為長者屋苑做俱樂部統籌，其實她自己並不是那裡的居民，只因當初長者屋苑被誤以為是安老院，她做義工聚集人氣，而後就一直做下去了；她還是三個難民少年的導師，定期輔導他們功課。當中兩個阿富汗16歲少年從未讀過書，Karola 比手畫腳教他們德文。

Karola 不施粉黛，當我們討論護膚產品鼓吹的「抗衰老」話題時，她給我一段精采的聲明：「抗衰老？才不呢！每個人都可看見我臉上的皺紋，也是我努力的成果，展現了我的閱歷啊！能夠活到老是一種福氣，如果不想老，那只好英年早逝了！」

Arnsberg 有本季刊叫 SICHT（視野），由退休族主理，Karola 自 2004 年退休就在 SICHT 做校對。這本雜誌的創刊源於1999年，有

長者感慨報紙上寫的老人故事都太悶了。「沒人寫關於我們的感受和經驗，不能再等了，自己寫吧！」於是，發起人在主流媒體刊登廣告問誰想寫老年的專題？六、七個人響應，就這樣自創一本季刊，不過他們都從未寫過文章。最開始只是老年話題，漸漸變成寫年輕話題，再到年輕讀者投稿。從四、五頁增加到60頁，網絡版是彩色，紙本是黑白的，發行六、七千本。有記者寫一篇關於 SICHT 的文章獲獎了，以獎金請編輯部去了趟旅行呢。

雜誌成員有六個人，除了 Karola，還包括「高齡有未來」專職部的

Marita 與 Martin。負責排版的 Uwe Künkenrenken 風趣地說:「加入 *SICHT* 之前,幾乎在家裡呆到發霉了。」退休後無所事事,在食物銀行做義工的太太告訴他:「你已經清潔地下室五次了,淋花七次,應該出去做點事了!」另一位成員退休前做釋囚更新工作,媒體關注的是案件,他的報道會從人性、感情的角度去理解案件,例如年邁的長者騎車撞到人,要不要懲罰他?「我希望法庭更加人性化。」來自東德城市圖林根的 Hanni Borzel 喪偶後的生活苦悶,因朋友介紹 65 歲時搬來 Arnsberg,一下子放下各種不安!「以前總在家裡等人探望,現在自己打開門走出去,完全是另外一種氛圍。小城市很容易認識彼此,社區氣氛濃厚。」

◇◇◇◇◇◇◇◇◇◇◇◇ **成為送食物的天使** ◇◇◇◇◇◇◇◇◇◇◇◇

「我十分讚同這個理念——把食物從過剩地方送到匱乏之處。」食物銀行 Tafel 的義工 Anni Künkenrenken 退休後「不想坐在家裡」,已經在這裡做了兩年義工,她的丈夫就是 *SICHT* 雜誌的成員 Uwe Künkenrenken。

Anni 每日和夥伴們與堆積如山的食物打交道,挑選完好的蔬果洗乾淨,然後將麵包、薯仔、芝士、蘋果分門別類。受助者排隊入場,每個人領取自己的號碼,慢慢挑選自己所需的食物,全程沒有人爭先恐後,離開時還可以將鮮花帶走。每人每週限來一次,有兩、三成是長者,平日幼兒園和青年中心的孩子如果有需要照顧飲食,也可以來吃飯。

2003年，Tafel 在 Arnsberg 開設時，社區頗為抗拒。因許多會員都開車前來，大眾說「他們有那麼大的車，還需要受助嗎？」其實會員很多時候是由朋友載來的，或從朋友那裡借車，或者和人「拼車」。後來，他們刊登廣告、去學校宣傳，邀請印象負面的人親自待一天看一看，幫一幫忙。當誤解日漸消除，120 人加入做義工，受助者從30 人發展到3,000 人，運作全靠社會捐款。

讀到《世界報》（Die Welt）說，有諮詢公司2019 年消費信心的民意調查表明，超過一半的受訪人擔心退休後缺乏生活保障。65 歲以上消費者中，對個人經濟狀況表示滿意的只有三分之一。德國長者面臨的貧困化危險有所增加，有17% 的65 歲及以上長者面臨貧困的危險。他們每年收入最多的13,152 歐元，相當於平均收入的60%。2006 年，這一比例只有12.5%。

其實邁進食物銀行對許多人來說絕非易事，一開始並不想接受自己的貧窮。因此，對於一些受助者，也會邀請他們來做義工，服務他人的時候，重獲了一份尊嚴。聖誕節，義工們會收到各種小禮物，甚至是詩歌。

◇◇◇◇◇◇◇◇ 「城市樂手」長者樂隊 ◇◇◇◇◇◇◇◇

「運動完能量充沛，打扮一番，踩上高跟鞋，好極了！現在感覺60歲！」Aline Zumbülte 明眸皓齒，捲曲的銀髮閃閃發亮，珊瑚紅連身裙配白珍珠項鍊。一雙筆直亮眼的長腿，一點不像78歲！

小城風景如畫，一踏出家門很快可以跨進公園。第一次見 Aline 正是她家附近的公園。清晨她和一班 Kneipp 俱樂部的長者站在水槽裡做水療，大家齊齊捲起褲管，伸出大腿嬉戲，俏皮如少女。

水中熱身完，又見 Aline 雙腳輕巧地勾住橫桿，倒掛著對我做鬼臉，流暢地翻轉後雙腳不動聲色落地了。我自嘆身手和肺活量還不如這些婆婆們！她們在鹽礦前大口大口做深呼吸，「吸氣，呼氣。太陽能量和帶鹽份的水氣有助全身血液循環，提神醒腦！」Aline 的高能量讓我驚嘆，沒想到她對我這樣一位來自東方的記者也很好奇，主動邀請我去她家住。恭敬不如從命，我住了一個星期。

幾年前，Aline 和丈夫 Helmut Vollmer 從近郊花園大屋搬到城市中心，生活便利，老友記相聚也容易。他們租了女兒 Martina 的公寓，裝修為高齡者設計。公寓有電梯和無障礙通道，整間屋明亮通透。

晨光照入浴室，冬天的牆身還會發熱，可以一邊坐著洗澡，一邊聽
約翰施特勞斯的音樂。

Aline 是愛美之人，偌大的浴室十多平方米，每天花不少時間在裡頭
享受獨處的寧靜——打扮和保養。「變老的美好之處是有很多時間好
好美容，護理身體皮膚和頭髮，好好照顧自己。」她伸出十個指頭給
我看有多亮澤。她的美甲心得是「不用洗碗機」，「你看，洗碗讓我
指甲那麼強壯。」她身體的皮膚細膩光滑，秘密是全靠一塊祖傳的老
石頭，每星期摩擦皮膚去角質。「別問我為甚麼，反正就是有效！」

每日喝大量水，進食七分飽、適度空腹又不會太餓。她好動，騎單車、做家務、整理園藝，總之就是不喜閒著。「我可不想把時間花在沙發上。」星期一健身、星期二北歐式健走（Nordic Walking），星期四做瑜伽，有時做水療，「退休後一粒藥沒吃過。」

「若家人遇到麻煩，我一下子老到120歲了！」家庭是 Aline 的一切，她習慣處處為他人著想，終日見她在廚房忙個不停。像我這樣一位客人，她即使自己晚餐不吃，也會給我做一餐。「你必須吃飽睡好！」

退休前，Aline 在政府城市規劃部門做行政工作。1999年剛退休大概一星期，她丈夫驟然離世。面對突而其來的變故，她讓自己忙起來，不停服務他人，不停做有意義的事情，她曾經也是食物銀行 Tafel 的義工，也曾是長者諮詢委員會的成員，作為 Neheim-Hüsten 地區代表，負責做文娛活動搞手。

Aline 的堅毅是童年經歷練就的。她1939年出生，和那一輩的許多德國人一樣飽受戰亂之苦，於戰後百廢待興的時代成長。她小時放牛，無手錶，只好看影子的長短來猜測時間，一整天只啃一點麵包充飢，童年的饑餓感刻骨銘心。因此她對食物倍加珍惜，不忘感恩每一餐。

戰後，Aline 的父親成為戰俘被困西伯利亞。他付錢托人帶妻子和兩個女兒從東德逃去西德，「一旦有人問你是哪裡人，記得說去 Arnsberg Rusch 找 Max Sanden 先生。」Aline 將這句話牢記於心。母女三人攀山涉水，饑寒交迫地穿越叢林趕夜路逃亡。一路被盤問，那句「去 Arnsberg Rusch 找 Max Sanden」成了前往西德的「通行證」。

自從1950年落腳 Arnsberg，Aline 在這裡生活將近70年了，「能夠
在這裡老去，真是一種福氣！」當她路過 Rusch 街區，偶爾還有小
時候逃難的畫面湧上心頭，面對一陣心悸，感性的她對自己說：「終
於，我來到 Arnsberg Rusch 了，終於回到家了。」

Arnsberg 可謂「搞手」的天下，要組織一個活動一呼百應。有一個
「城市樂手」長者樂隊，靈感來自德國格林童話《不來梅的城市樂
手》（*Die Bremer Stadtmusikanten*）。說的是一頭驢、一條狗、一
隻貓和一隻雞到了晚年，各自的主人因他們老了認為沒用了，想宰
殺它們。四個落難者在逃命路上相繼碰上，並決定一起去不來梅當
城市樂手。Arnsberg「城市樂手」每週聚會練習，每個月為社區演
出。Aline 負責統籌和做後勤，2004年，她在這裡認識了手風琴樂
師 Helmut Vollmer。

後來 Helmut 的太太病逝，喪偶的兩個人走到一起。2009 年，Helmut 抑鬱症復發，在醫院治療了 18 個星期。Aline 深知照顧一個抑鬱症病人的前路艱巨。「但是當時我們已經是一對了⋯⋯他狀態雖然很弱，但是一直對我很好。但若我轉身走人，他會很難支撐，他離不開我，而我是足夠強壯的。」

Aline 沒有唉聲嘆氣，反而能量充沛地將蜷縮於抑鬱陰霾的 Helmut 拉出來。為他準備好食物，提醒他吃藥睡覺，避免他看電視上的負面或者暴力節目，當他是孩子一樣在照顧。「給他一部手風琴，他會忘記憂傷。」她經常陪他唱歌，陪著他去「城市樂手」和老友記聚會練曲目。Helmut 有兩個童年玩伴，相識 73 年，幼稚園已開始一起玩音樂，但大家八、九年沒見，各自面對著生命的難題。Aline 邀請他們定期見面，到家裡來玩音樂。

那天又到了三人組的聚會，Aline 準備了各種食物，她的女兒 Martina 也來幫忙了。一片歡聲笑語中，樂聲悠揚，所有人載歌載舞。樂手三人，一個抑鬱，一個失聰，一個有癌症。

這是十分療癒的聚會，他們像不畏艱險的「三劍客」，樂器是他們的武器，透過音樂重新振作，直面生命的困頓。

我問他們，幼年時，哪個最淘氣？三個人不約而同互指他人。「別看我如今 70 多了，頭腦年輕得很！我和年輕女子一起玩時，感覺自己 18 歲！退休前在政府法律部工作。」Hans Kaspa Vollmer 說。Ewald Gerber 是位機械工程師，曾在羅馬尼亞生活多年，近年在當地做了

不少慈善項目。「回顧我過去的職業生涯中,最美好的部份是假期!
人不應該總是向錢看,應該平衡工作、享受生活。我1939年出生,
就當自己一直是39歲吧!」Helmut 性格溫厚,總是十分專注地聆聽
他人。人伙兒一笑,他也跟著笑起來。

在旁打點食物的 Aline,看到 Helmut 的笑,她悄悄地拭淚,嘴角帶
著欣慰笑意。

老年照顧抑鬱症伴侶頗艱辛,但她從不抱怨。她的焦點在找辦法,

而那些運動健身的時光正是她留給自己徹底放鬆的獎賞。Aline 向來是一個高度應變的人，有天我找不到浴帽，她打開廚房抽屜，用膠袋即時特製一個，套在我頭上，尺寸剛好！我們都笑得前俯後仰。遇到困難，她絕不退縮，城市有各種公開的支援網絡和資源，她不畏說出擔憂：「我現在需要你們的幫助，誰能幫忙嗎？」

◇◇◇◇◇◇◇◇◇◇◇ 60+ Speed dating　尋愛歷險 ◇◇◇◇◇◇◇◇◇◇◇

星期五踏正七點，臨近火車站大樓的一間活動室音樂輕快，一屋暖黃燈光，十男十女面對面交談。隨著每七分鐘一次鈴響，女士按兵不動，男生起身換位，又開始新的對話。

想不想跟對方繼續有「下文」？在對方的名字打個「是」，若對方也有此意，雙方便可開始約會⋯⋯這是一場「60+ Speed dating」，參加者六、七十歲，開場白通常是「你平日有甚麼愛好？」這個年紀不必再談職業，更注重志趣相投。他們當中有的希望重溫戀愛的心跳，有的想找個對的人和自己共度餘生，於是用這樣的方式展開尋愛歷險。

70歲的活動發起人 Christina Albers 不是婚介公司媒人，也不是社工，只是義工。她的丈夫過世十多年，「年紀越大，越難找伴侶了，特別是65歲以後。」她自己試過網上找伴侶，碰到太多謊言；一段兩年的異地戀，因彼此都不想放棄原有的生活，無疾而終。常聽到身邊五、六十歲人想參加 Speed dating，但因為年齡而被拒之門外。兩年前突發奇想，隔月搞場「60+ Speed dating」。活動由政府借出場地，越做越火熱，連臨近城市的人也開車一個小時來參加。「見到

真人，年齡和外表都一覽無遺，一交談立即知道對不對味。」

Christina 定下原則：每人限來三次，這樣避免重複遇同一批人，也避免有人來到發現沒合眼的掉頭走，然後無限重來⋯⋯她笑言，女士一般都會精心打扮，但的伯伯形象邋遢，衣著隨意。她記得有一次，一位60歲的參加者身姿曼妙，深棕色長捲髮，腳踩高跟鞋，一身黑色緊身裙，全場男士看得目不轉睛，大家都說「我想再約她。」Christina 忍俊不禁：「無論活到多少歲，男人始終關注外貌和身材。」男歡女愛，年老和年輕差別不大，有時男人嫌女人太胖，要求減肥，也有女人嫌男人太無情趣。不過老人家通常不功利，做不成情人，也可以做朋友。

Speed dating 促成不少良緣，有一對74歲和76歲公公婆婆便是在這活動一見鍾情，還結伴旅行去了。女人希望覓得真愛，只是熟齡女人期望會減少。而 Christina 不再翹首等待愛情，不再依賴一個伴侶來愛自己。「我的丈夫始終是最好的，如果我將就找一個，那就太笨了！」不過，她相信其他人可以有遇到愛的機會，所以很樂意為他人製造約會的喜悅，讓期待戀愛的人遇到彼此。「看到人們臉上甜蜜的微笑真的是很大的收穫。」

愛惜舊物是新風潮

每個月的第三個星期五，市民提著吸塵器、抱著咖啡機、甚至推著單車從火車站附近的活動室走出來，臉上綻放著笑容。裡面是個特價大促銷嗎？一位先生懷裡抱著古老收音機，我尾隨他走入了這個

「維修咖啡館」。

「這台收音機是1966年製造，我和妻子結婚兩年後買的，本來在客廳，後來有了電視，就放在廚房了，太太做飯時喜歡聽，很有紀念價值。但是現在壞了，很可惜。」機械工程老行尊 Franz Rüther 小心翼翼地接了過來，很快把收音機拆開，將內部零件整齊地分布在桌面上，要在兩小時內完成這艱巨的任務。像這樣的珍寶經常會在維修咖啡館裡出現。「放心吧，我們修過1939年的收音機。」老先生扶了扶眼鏡，胸有成足地說。

「生活中很多東西一壞就被扔掉了，為甚麼不去修理呢？每修復一個舊電器都在為環保出一份力。」長者導師、「維修咖啡館」召集人 Hans Dieter Draken 說，這個創意來自阿姆斯特丹，2014年建立當

地「維修咖啡館」，場地由市政府提供。十多名師傅都是義工，退休前全是機械工程的專家。六、七個「檔口」，有的修吹風筒，有的修單車，有的修攪拌機，每位師傅都攤開工具箱，展出看家法寶。「在這裡可以發揮所長，又可以交流技術，我們每次都很期待有甚麼要修！」這是許多老將的心聲。

入口處的桌子上放著咖啡，水和華夫餅，街坊等待的間隙可以享用。不少街坊喝著咖啡聊天，來這裡除了修東西，社交至關重要，有人甚至就是為了這個才來的。

◇◇◇◇◇◇◇◇◇◇◇◇◇ 種一個「森林氧吧教室」給後代 ◇◇◇◇◇◇◇◇◇◇◇◇◇

「黃蜂會咬人嗎？」「為甚麼那隻鳥不孵蛋了？」80多歲的生物學家 Bernhard Klenk 被孩子們圍著，你一言，我一語，拋出十萬個為甚麼。Bernhard 繪聲繪色地解答每一個問題。

不少幼兒園孩子都來過這個「森林氧吧教室」，觀察蜜蜂如何採蜜，探望棲息在森林中的動植物。從書本中了解大自然遠遠不夠，親身體驗勝過耳聞和閱讀千次。

兩年前，Bernhard 向政府租了幼稚園附近一塊 2,000 多平方米的廢棄水泥地，跟兒子一起把寸草不生的水泥地建造成一個生態園給城中的孩子學習。生態園有蜜蜂箱，20 多種果樹。因原本的土質太差，他們從森林裡收集塑膠設計了幾十個種植箱，將各種生果、蔬菜、花木種在箱子裡，箱底給刺蝟當家。花園裡雜草叢生，不割草，因

為這是各種生物的家，昆蟲也是一份子，枯枝都有價值，鳥兒可以築巢，凳子是倒下的樹樁做成的。

在距 Arnsberg 驅車十公里左右的 Sundern 市，Bernhard 用積蓄買下一萬平方米地種樹，每月 2,900 歐元退休金是年輕時努力拼搏的回報——早上在學校當教師，下午去醫院做精神科護士。2007 年，一場颶風吹倒了當地大量樹木，讓他痛心不已。他說，德國的森林曾經被大量砍伐，轉換為人工經濟林，有的樹種從此消失；大城市的樹種很多是從經濟角度考慮而失去多樣化，對大自然來說是一種損失。他想教下一代知道甚麼是多樣化的自然生態，領略森林作為地球之肺的奇妙。這位忠誠的自然守護者，捲起袖子說幹就幹，日積月累種下 5,000 棵樹。「勞作可以代替看醫生，我退休後從未看過醫生。八個小時在大自然工作，回到家倒頭就睡，醫療保險還退回六、七百歐元給我呢！」

遊覽 Bernhard 栽種的森林，陽光灑在枝葉縫隙間捉迷藏，聽著鳥鳴，聞著新鮮苔蘚香味，踩在厚厚的落葉上感覺軟綿綿。如今，他種下 72 種樹，野鹿來吃嫩葉，枯木上冒出蘑菇，野兔、青蛙、狐狸、刺蝟，聽說冬天的雪地會出現有各種腳印……

◇◇◇◇◇◇◇◇◇◇　**生命的最後，甚麼才是最重要？**　◇◇◇◇◇◇◇◇◇◇

帶我參觀寧養中心 Hospiz Raphael 是 90 多歲的 Klaus Kayser，他氣色紅潤，每日步行五公里，經常來中心做義工。這個中心是由 Klaus Kayser 30 年前創辦的，當年他 61 歲，將全人關懷的理念注

入善終服務。他是個慈善家，兩德統一後，有感東德教育滯後，在 Magdeburg 創辦學校。

沒有消毒酒精的醫療味道，一入門有一種寧靜舒適的感覺，客廳、沙發、大餐桌，完全是居家氛圍。寫上名字和年月日的彩色石頭，寄託著思念，精心布置的花園讓親友在陽光下守候最後的相聚，清泉細流讓人感受生命的真諦。「臨終關懷是人性的綠洲。生命的盡頭和開端一樣有價值，學習如何面對死亡，就是學習如何面對生命，珍惜最後一程僅餘的美好時光。」他說。住客在這裡被喚作「客人」而非「病人」，家人也可以一起住。很多客人無法回家生活，也不想在醫院離世。來這最後的靜養。有的住幾個月，有的只是數天。有的人想自己安靜，有的人想有人陪伴。家人很安慰，在這裡做到一些醫院做不到的事情。原以為送別的工作也許瀰漫離愁別緒，但他卻說在實踐中感到溫暖。「因為發現自己做的事情很有意義，是十分正面的，哪怕很小的事情，都可以幫助他們完成最後的心願。」

我問：在生命的最後，甚麼是最重要的？

「愛。」他微笑著回答。

肯定不會被遺忘

走入藝術家 Rudolf Olm 的私家藝廊，富有黑色幽默的作品盡是爛銅廢鐵製成的，有反戰、環保的嚴肅話題，也有來自生活的場景：例如兩個談話師奶鐵人站著面對面聊天，手很長，手上的購物袋垂到

地上了，這般生動傳神。好像她們滔滔不絕聊了幾個小時八卦，手
上的購物袋越來越沉重，一直往下墜了。三個塗了彩繪的雪櫃並排
放著，十分可愛，我忍不住打開雪櫃門。怎料門一開，立即傳來樂
聲，雪櫃裡竟放著收音機！三個雪櫃都被改裝成唱機，早餐時播交
響樂，午餐時播民謠，晚餐來首流行曲。

Rudolf Olm 當年曾是「爺爺狗仔隊」的一員，參與推動世代間的對
話。每年藝術節都開大師班帶青少年做創作，他喜歡與年輕人打交
道，工作室的門永遠為他們敞開著。「我想融入社區，而不是孤獨

旁觀，要與青年人保持來往。」當年有少年問他，你現在還缺少甚麼嗎？Rudolf 說：「缺少時間！時間這個寶貴的東西越來越多地從我的手指縫間溜走，如同沙漏，總有一天它會走到終結。日復一日，時間在消失，一去不復返。我應該更加珍惜餘下的時間。」他對少年說：「我們不可能永遠年輕，但我們應該保持行動能力。萬物皆有時，任何年齡都有它的誘人之處，不管我是5歲、20歲、50歲或者80歲。」

我費盡九牛二虎之力也無法降服一塊大鐵塊，Rudolf 卻輕而易舉拎起來了！「搬東西不是靠手，而是要用腦。」他鬼馬地說。家中客廳餐室，設計成一個神秘的酒吧，燈光昏暗，一走進來就有放假喝啤酒的興致。他很喜歡自娛自樂演默劇，表情之豐富令人捧腹：只見他吹口哨走入酒吧，東張西望一番：好極了，老婆不在！頓時行走如風。來一杯！一杯下肚，再來一杯！喝了一半，突然聽到老婆走近的腳步聲，嚇得發抖……

Rudolf 退休前是位駕駛教練，年輕時曾做過木工，善於做傢俬門窗。
但退休後卻成了鐵匠，他覺得木頭一劈開就成半了，但金屬能夠再
焊接，鍛造彈性很大。他創意和藝術熱情迸發，全情投入創作。度
假時看到沙灘有很多垃圾，放下行李箱就立即跑去用廢物做創作；
行山時撿到斷枝，做成造型別致的枴杖。「我總是驚訝於自己已經
85歲。每天早上站在鏡子前面，我會對鏡子中的我說，我不認識你！
但……好吧，日子還是要過的，我還是給你洗澡。老年讓我學會用
幽默的方式來談嚴肅的事情。」Rudolf 思想深邃，反應很快，年輕

時曾是萊茵河泳賽5,000米第三名。說起他健碩「流線型」身材,太太 Christa 以「性感」兩字來形容,她一輩子都用傾慕的眼神望著他,兩個人日常會坐在自家的酒吧客廳喝啤酒,談談情。80歲的生日,Rudolf 游泳慶祝。「年老可怕之處是腦袋還很活躍,但被困在有局限的身體內,迫使讓我停下來慢下來,但我的熱情不變,並且比年輕時思考得更加深入。無人知道下一秒會發生甚麼,我能把握的只是每時每刻都充實地過。」

拜訪時絲毫不察覺 Rudolf 正身患癌症。2018 年初,他在家中病逝,安詳自在。他在生命的最後,沒有離開過藝術創作,向年輕人展現了不管時間的沙漏流淌了多少,都可以活得扣人心弦。

當年少年曾問他如何看待生命的意義與死亡? Rudolf 說:「我們一出生就邁向死亡。生與死之間就是人生。我會在這過程中活出意義。我有時捫心自問,你留下了甚麼痕跡,所走過的路有沒有做標記,有沒有甚麼東西在你百年之後還能夠讓人們回憶起你?被遺忘的人才是真正的死亡。我肯定不會被遺忘,我度過了充實的一生。」

樂享生活　最安心的晚年居所

居住形態影響著生活的品質，居家安老是多數德國老人的心願，官方也推崇在家頤養天年。在 Arnsberg，健康有行動能力的長者可以住 Aline 那種普通獨立公寓，若是經濟稍遜的也以住在由政府津貼發展商所建的長者社會房屋，專給55歲以上低收入長者申請。一個單位約50平方米，30戶人共享花園草地和活動室，12歐元便可加入屋苑的俱樂部參加一年各種活動。十多年前，這樣的房子無人問津，人們都以為是安老院，現在可是搶手。一旦身體失能，在入住老人院之前，還有各種輔助生活（Assisted Living）的居住選擇。

隨著高齡人口的護理需求增大，社區和醫療系統面臨財政壓力。專家預測，2030年醫療服務的成本將增加一倍以上。興建更多的安老院，會是解決之道嗎？一來成本高昂，二來護理人手短缺亦成難題。Arnsberg 近年實驗性推出科技輔助生活的居住模式，試探能不能達到一舉「三」得──既支持長者獨立生活，又填補護理人員的短缺，且為社會降低照顧成本。

我參觀了科技輔助生活的示範單位──由州政府和縣政府贊助，由慈善機構「明愛」運營。這棟「長者屋」每個單位50到60平方米，租金比私人住宅稍貴，全屋『安全無障礙』設計。防滑地板、自動門、智能照明──燈光的色調冷暖與明暗，可依著你的實際需要來調節。桌上的電話，碩大的數字按鈕外加閃燈功能──以防聽不到；雪櫃裡有個「救護錦囊」，小罐子裝著病歷和日常藥物單，萬一發生緊急情況，到場的救護人員迅速掌握背景。這樣的救命小罐只要兩歐元一個，日後將全市普及，就像雪櫃一樣成為每個家庭必備。

忘記戴「平安鐘」或追蹤器是件常見的事，幸好這公寓的傳感器安裝在屋內。煮食忘了熄火嗎？出門水龍頭仍開著嗎？有沒有依時吃藥？是不是跌倒了？能不能很快起身？還是，需要緊急援助⋯⋯種種狀況都將被追蹤並傳送給服務中心和醫療部門。也可以將傳感貼片貼上皮膚，由系統分析你的動作、體溫、體重、皮膚的濕潤度等來評估你的身體狀況，例給有沒有喝足夠的水？就連突然增磅，一旦身體有異常的變化都將一一被傳輸給服務平台。智能系統實時監測你的健康狀況，必要時為你啟動應急服務，甚至評估你甚麼時候需要搬入安老院。

只要平板電腦安裝一個 App，你的生活習慣會被記錄——每日坐多久、午睡多久、幾點出門⋯⋯這些「大數據」被用來分析個人需求和評估突發事件。當然，用戶可以選擇服務提供商獲取哪些個人信息。

安裝這樣的 App 和操作系統要支付300歐元，另每個月十歐元的 Sim 卡服務費。

住在這個長者屋，老人可以自選家居或醫療護理服務，費用每個月約800歐元。如家政、護理、訂餐、出行車載、購物、甚至需要人幫忙穿鞋子⋯⋯根據護理評級由保險支付。這樣的居住方式市場需求很大，排隊入住需等一年左右。

即使患上認知障礙症，也不一定要住安老院，護理式共居公寓（Pflege-Wohngemeinschaft）也是一種新興的選擇，由非牟利機構住房合作社（Wohnungsbaugenossenschaft）推出，同樣由「明愛」提供服務。每月費用大概2,500歐元，包括租金340歐元，餐飲及日常用品花費170歐元，機構護理服務200歐元，醫療服務1,800歐元。與安老院不同之處是，共居公寓自由度更大、個性化的服務更多，例如可以約人陪購物和洗牙。

共居的八位長者同枱聊天，她們有的已經不記得自己的名字，更不記得自己的歲數。「我馬上要過18歲生日了。」一位婆婆興奮地說。每個人都有自己的臥室，大家共享客廳、廚房和花園，護理團隊全天候在旁。90歲的 Lieselotte Marienfeld 跌倒後無法獨立一個人生活，所以搬來這裡。日常有人陪同購物，有許多遊戲、聚會、一起煮飯。勤勞而精靈的她總是閒不下來，一會兒在公共廚房幫忙煮飯，一會兒又在陽台種花。「我感覺年輕十歲！」

起初她十分不捨得離開自己住了六、七十年的房子，卻又不想住

安老院，家人輪番遊說了許久，給她充足心理準備。每次經過都會預告：你快要住進這裡了。終於在訪問前兩個月來體驗了一天生活，後來決定從此住下來，還精選了家中最心愛的家具搬到這裡。「我喜歡有人在周圍的感覺，總能找到人聊聊天。」兒媳婦 Beatrix Marienfeld 原本是她的照顧者，每個星期陪她三、四次購物、看醫生，疲憊到了某個臨界點。送了婆婆來之後，一度十分內疚，後來看到她生活得愉快才終於放下心頭大石。

◇◇◇◇◇◇◇◇◇◇ **自己決定如何被照顧** ◇◇◇◇◇◇◇◇◇◇

德國長期照護的核心精神是「獨立」與「自決」，以有尊嚴的方式照護身心靈；同時也強調每個人對自身健康和獨立生活的義務——預防疾病。若需照護，則以居家照護優先，之後才會考慮機構。長者可自行選擇領現金津貼或申請送餐服務，購買私人上門照顧服務。無論是醫療護理，還是生活護理，無論是私人或慈善機構，服務一應俱全。

德國於1995年實施強制性「全民長期護理保險」，經費來自僱員與僱主共同繳納的保費。一個需要護理的人何時能夠得到哪些保險項目，取決於需要護理的時長、護理等級和護理種類，比如是否只需要每天洗澡和購物？是否還能夠清楚地辨認方向？在家裡居住？或者是需要老人院24小時護理？根據不同程度的護理需求，確定不同的護理等級。

聯邦衛生部護理金分類，對身體、精神和心理方面產生的疾患同等

對待，並納入分級。通過鑒定，將自理能力分成六部份——按照輕重，歸納出綜合評價再據此確定護理等級。考量範疇包括：活動能力、認知和交際能力、行為能力和心理質素、自理能力、能夠解決和自主應對與疾病和治療有關的要求和壓力、安排日常生活和社交。

護理保險金可涵蓋從養老院護理到日托服務，甚至家中生活類護理的服務。鑒定機構「健康保險醫事服務處（MDK）」評估五個護理等級，保險金的多寡取決於護理等級。例如，居家護理等級由二至五級，每月可報銷689至1,995歐元；住老人院護理級別從二到五級，每月報銷770至2,005歐元，超出的費用就要自掏腰包了。

你可以自己決定如何以及讓誰來護理。可以選擇專業護理人員，也可以用保險費作為酬勞給家屬照顧者，其精神是盡可能過自主生活方式。然而，護理保險金常常不能夠支付所有的護理費用。不足的部份要自費。所以，護理保險也被稱為「部份費用保險」。

根據官方的預測，到2040年，67歲及以上的長者人數將會增加到近2,150萬。80歲以上需照顧的失能長者有可能增長迅速，達到差不多32%。人口越高齡化，需要護理的人數就會越多。對於長者及其家屬來說，也意味著身心和經濟上的沉重負擔。特別家庭結構的變化，不僅少子化，而且孩子亦有自身工作。加上護理員短缺，長期護理的難題如箭在弦，正在逼視著社會。

上門陪做飯　在家活到100歲

每個星期五上午11點半，長者服務公司 El Hadri 的護理員 Annette
Grüther 提著新鮮的菜準時出現在 Erna Schlinkmann 婆婆門口。她
每週兩次上門幫婆婆煮飯。99歲的 Schlinkmann 曾當助產士幾十
年，接生過上萬個嬰兒。Schlinkmann 衣服整潔如新，戴著珍珠項
鏈，頭髮梳得整整齊齊。2015年，開始不能走路，雙手拿助行器而
無法再做飯。美食是她的快樂源泉，她本身又是注重細節的完美主
義者，就連不同的菜式用碟的尺寸也有講究。Annette 上門遵照她
喜好的老食譜來下廚，Schlinkmann 則坐在廚房桌前，用99的老手
嫻熟地剝豆角，一邊指揮火勢。

「奶油比例是20% 嗎？這麼多的油夠嗎？」

「非常好。但豆不要攪拌太碎，避免過軟。」
Annette 舀了一小湯匙送到 Schlinkmann 嘴裡試味。「好極了！」

Schlinkmann 親自做沙律醬，油鹽糖醋的比例精確，加入洋蔥蓉是個獨門秘訣。午餐準備好了，她們會一起吃飯聊天，若時間足夠，Annette 會幫忙熨衣服。過去數年，Annette 廚藝大增，回家煮給家人嘗嘗新學的菜式。她說，跟著老人家真的學到了很多生活智慧，沙律菜要在溫水中浸一陣；刀可以在陶瓷杯底磨一磨；用剩的菜頭菜尾別浪費，攪碎拌入肉餅里更加美味。

Schlinkmann 活過100歲，2018年在家中安詳離世。

與柏金遜一起如常過日子

78歲的 Irmgard Gland 喜歡塗亮澤的粉紅色指甲油，柏金遜病令她的手不能自控地顫抖，我去她家做客，她隨手拿起紅綠餐紙巾，摺出一朵玫瑰花遞到我眼前。她專注摺紙的時候那陶醉的樣子，仿若在演奏樂器。她的丈夫 Siegfried Gland 一直在旁看著，眼神充滿讚賞。

雖然丈夫無微不至地照料她，但她力所能及的事盡量自己來，也不想麻煩孩子。「我絕不會用柏金遜來勒索我的孩子。他們都有自己的生活；我不能強求他會主動覺察我的需要，但我會告訴他們我的需要。他們說『媽媽，你做得真不錯！』這樣的話語比同情更好！」後來請人上門護理，想減輕丈夫負擔。El Hadri 的護理員每天早上過來兩小時，為她洗澡。護理級別屬於第三級，只是生活照顧，屬於非醫療需要。每日舒舒服服地梳洗完，整個人神清氣爽。

1997 年 4 月，Irmgard 確診患上柏金遜，最初夜夜以淚洗臉。但她很快就明白了要以新的態度生活。「人人遇到病痛都會說為何是我？我嘗試大膽有力地問一句：為何不是我？」她收集的資料堆積如山，消極的信息在有陽光的日子才能看，方能讓心情明媚一些。兩個星期後，她做了一個決定：「即使有病，我的手還是能用；即使不能跳舞，我還是能夠唱歌。將來我要是甚麼都做不到了，還可以思考……柏金遜已經在這裡了，而且也會一直存在，所以我必須接受。」

病後，她行動不便，長坐，便學了做紙藝。那些紙雕作品有天使、小提琴師、盛裝舞會的貴族，堪稱鬼斧神工，還用辭典做成刺蝟。「每天都有很多新的點子做藝術創作！」她盡最大努力如常過日子。

小服務　大幫忙

「當老人的恐懼減少時，就會變得更有能力做事。而我們的小小輔助，就是向他們證明他們仍然是有用的人，因為他們中的許多人已經忘記了這件事。」來自摩洛哥 Amal El-Hadri 輪廓深邃，身材高挑如時裝模特兒，她在德國長大，曾做過22年護理員，2011年創辦了自己的公司「El Hadri」為長者提供個性化的非醫療生活服務，填補了常規護理服務的空白。

像 Annette 那樣訓練有素的護理員定期上門拜訪監督吃藥、扔掉被遺忘的壞食物、一起玩遊戲、散步或購物。當長者害怕看醫生，不明白醫生說甚麼，可以陪診；突然想念家鄉菜，可以上門陪煮，提前一個小時打電話預約就可以。這樣的幫助看似簡單的小小幫忙，卻讓居家安老變成更有可能。「你在同一間屋住了一輩子，但是老了就要離開自己的社區，搬入安老院，這讓人難過。包括我們自己也是希望在家住到老，有了輔助服務，長者有可能留在家生活到最後。」

20多年的護理員經驗讓 Amal 深感常規服務的局限：根據護理級別，保險公司對上門護理服務時間有規定，例如協助洗澡、吃藥、著衣、吃飯都有限時。這硬性安排往往缺少了一點人性關懷，她看到很多老人想聊天，需要的不只是生活護理，更重要的還有心靈照顧和陪伴，還有各種非醫療性質的生活輔助服務。「長者的需求不應該限定在45分鐘內。」當年 Amal 上門護理時，總會先給長者來個擁抱，一下子拉近距離；她喜歡唱著歌來做事，不會時時看時鐘。

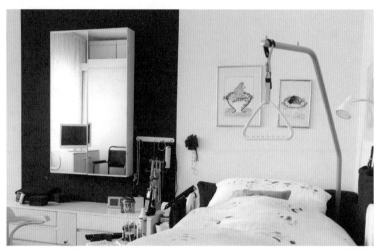

創業不易，第一個月她感覺好像每日工作24小時！耕耘兩年後有50多個員工，年齡26至73歲，照顧著400位在家生活的長者。她培訓了一批失業的中年婦女，「注重的不僅僅是技巧，更重要是愛心。」服務費每小時23歐元，根據護理級別及需要可以由保險公司支付。有的客人經濟困難，她會酌情收費。

目前照顧著的這批老人家，若有一天不能獨居了，Amal 夢想擁有一間大屋讓大家共居，照顧他們到最後。

◇◇◇◇◇◇◇◇◇◇◇◇◇◇◇◇◇◇　**日間中心的舞步**　◇◇◇◇◇◇◇◇◇◇◇◇◇◇◇◇◇◇

需要照顧的老人可選擇居家護理或機構式照顧，在 Arnsberg，提供照顧的雖是專業機構，卻非標準化、冷冰冰的地方。這些中心自行決定裝潢設計風格，服務精髓不只是讓老人延續生命，還要為他們營造心靈的幸福。人性化的護理是整個社會的任務，包括政府、社區鄰里、護理機構、家人與義工合力。

91歲的 Hubert Röttger 也是「城市樂手」成員。他每週帶上電子琴去 St. Johannes 長者日間護理中心彈琴，為老友記唱歌跳舞伴奏。他很自豪，這麼大的歲數依然被需要，同時還可以賺點零用錢。中心每天的活動是要唱歌還是要畫畫？全視乎長者的心情再決定。午餐菜單提前一個星期公佈，先問老友記喜不喜歡，每餐有三款選擇。中心每個人都有自己護理級別，接受著不同的護理服務。這裡十來位長者，卻有五個護士、四個護工、一個活動策劃、還有很多實習生和眾多義工共同照顧。長者們吃完午餐後，被 Hubert 的琴聲感

染，慢慢舞動起來，連中心職員和訪客都一起跳呢。

「如果一個人年輕時候過著快樂的生活，性格樂觀，老來也傾向於
以正面的態度面對自己的病痛。」復康醫院的老年醫學專科醫生 Dr.
Meinolf Hanxleden 說。德國護理也相當重視讓受照顧者動起來的觀
念。當長者失能時，無論多大歲數都會以復健優先。無論長者進食或
走路速度有多緩慢，只要還能動，就應該盡量讓他們自己做。復康醫
院病房內，一位護士在訓練98歲的伯伯自己用叉吃飯。餵食當然更
省事，但是他們不願意這樣做，他們盡力幫助長者延續活動的能力。

◇◇◇◇◇◇◇◇◇ 即使住進安老院也能快活地過 ◇◇◇◇◇◇◇◇◇

在明愛 Sankt Anna 安老院，Hedwig Slomp 每天早餐後都會回到房

間內，安坐桌前，展開筆記本電腦，啟動設備。她全神貫注，102歲的手指不停滾動滑鼠瀏覽當天的新聞。「我必須看看世界發生了甚麼。」看完新聞，她在 Youtube 上輕易找到已故德國色士風手 Max Greger 的爵士名曲，聽完再四處看看現在年輕人流行甚麼玩意兒。據歐盟統計署 2016 年的統計，德國 65 歲以上每週至少上一次網的人口比例有 56%，Slomp 正是其中一員。

「學新東西永遠不會太晚。」Slomp 被網路初創公司稱為德國最年長的女網民（在線女性），102歲的她，每日在互聯網暢遊，網海對她而言樂趣無窮。不僅住在巴伐利亞的老朋友與她聯絡，還有丹麥的網友約見面。

Slomp 84 歲時第一次坐在電腦前，幾乎不相信自己的眼睛。一個

click 接一個 click，她發現了新奇世界。從此，她活躍在網上論壇，線上友誼逐步又變為線下聚會。有個忘年交很是欣賞她，「我明言，我不想跟你結婚的，也不會想拍拖。」

她96歲那年，因輕微心臟病而入住短期院舍，出院之後無法再獨居了，她決定搬入安老院，「無人喜歡住安老院，但是既然不能住在家了，得到照顧而保持健康是最重要的。」不過，她入住的首要條件是「能夠上網」。「我無法想像沒有網絡的生活！」初搬來安老院尚未備有 Wi-Fi，她自備「Wi-Fi 蛋」十分利索地在網上填完了複雜的稅表。

「了解每個人的生活習慣、喜好十分關鍵，照顧除了身體，還包括心靈，只有感受到愛，他們才會安心地住下來。」Sankt Anna 安老院負責人 Dagmar Freimuth 說，辦好安老院的難度在於如何安排每位長者每天都有一些喜歡的事情值得盼望。院舍會請物理治療師幫助不愛動的老人運動，愛散步的就有人陪著散步，眼睛看不清、臥床的便有義工來讀書、唱歌給他們聽。

傳統安老院會在一間大房放幾個床位，自 2003 年州政府立法改變規定，這種模式在 Arnsberg 銷聲匿跡了，八成宿位皆是單人房，Slomp 住雙人房是因為她喜歡有伴。私營醫療保險公司聯合會數據顯示，德國老人院費用每月平均為 3,000 歐元，而不同地區費用高低差異很大。2018 年初，需要護理的長者在老人院平均每月個人承擔費用為 1,751 歐元，而 2017 年 5 月還是 1,696 歐元。如果長者無力承擔，就必須申請社會救助了。

最安心的晚年居所

安老院 Elisabethheim Oeventrop 坐落在魯爾河畔，依偎著森林。這
裡住著60位長者，有82位工作人員，包括45位護士。房間大小是
16至20平方米，親友來探訪也有公共空間聚會，門外就是公園綠地，
一出門曬曬太陽散散步。每個院友可以帶自己喜歡的家具和擺設來
布置房間，讓環境貼近家的感覺。有的長者因認知障礙而無法認出
自己的房間，門口有一些特別的「門牌」，例如貼著長者熟悉的寵物
或者孩子照片，院方協助每個人尋找出獨具意義的「定向」工具。

在這裡，我遇到全市最大年紀的長者——105歲的 Göbel 先生，到了這個歲數，銀行會派人上門為他服務。這位退休政府財務顧問104歲之前都還在獨居！搬來安老院之後，每天散步將整個安老院走一遍。活躍如他，90歲還幫鄰居收拾花園，鋸樹、油漆。做手工木藝是他的興趣，曾自製3,000件手工藝品來義賣。二戰期間，他被炸彈擊中而殘疾，後來一隻腳裝了義肢。當時在醫院住了三年，做過七次手術。幻肢痛曾讓他十分憂鬱，而他最後走出低谷全靠樂觀的心念：「每天都是嶄新的。」

他105歲的生日禮物是所有孫、曾孫的來信。逐一回信可是花了好一陣子呢。問他長壽秘訣，他說：「我時時刻刻都對自己的生活非常滿意。」老壽星快樂地活到106歲，2018年與世長辭。

Göbel 先生的房間斜對面，Erhard Jäckel 每天都帶瓶鮮榨的草莓汁來給愛妻 Eva。他是這裡的義工，每個月他來為安老院演奏。「她昨晚睡得不錯，今天有睜開一次眼睛。」護士溫柔地將她推到窗邊便離去，留下空間給兩老。Erhard 牽著妻子的手，親了親她的臉，然後跟她講近日所見所聞。86歲的 Eva 十多年前患上認知障礙症，這階段大多數時候只是睡覺，有時聽到丈夫的聲音會醒來望著他一陣。

以前餵飯，他會告訴她吃的是甚麼，有時她緊閉雙唇，一聽說是甜品就會張大嘴巴。聽到他的聲音，她會哼起曲子。但是 Erhard 最後一次聽到妻子開口說話已是六年前了。他仍記得當時餵她吃午飯，問她「這味道你喜歡嗎？」她笑說應聲「是的」。從此後她再無開口說話了。

88歲的 Erhard 是位退休校長、雕塑藝術家。妻子在71歲那年變得異常健忘，漸漸走每一步都感覺危機四伏——因為地上磚塊在她看來都是大裂痕，每一步都難以逾越。短短20米，她走了20分鐘。

「我從未給兒子換過尿片或洗澡，但是妻子生病後這些事都由我來做了。」德國每四個認知障礙症長者就有三個住在家中，或獨居，或由家人照顧。認知障礙症將妻子帶離原本的生活，首七年 Erhard 照顧得十分艱辛，每頓飯都是一場戰鬥。「30分鐘才能哄她吃一點麵包。」Erhard 若要小睡一會兒或五分鐘洗個澡，她都會受不了，一不留神，滿地都是文件。從前斯文有禮的妻子變得易怒煩躁，他被她打到瘀傷。她走失了12次，每次都令他惶恐不已。

後來，Erhard 找了家庭諮詢服務，聽從建議將妻子送去一家認知障礙症日託中心，白天他得以去樂團放鬆一下喘口氣。

「結婚50年，我多麼愛她，真的希望能自己好好來照顧……沒想到最後做不到了，到了我所能承受的極限……」說到傷心處，他開始拭淚。照護持久戰令人殫精竭慮，後來情況非他能獨自應對了。內心反覆痛苦掙扎，他不得不安排她入住安老院，許多人安慰他這對兩人都是更好的安排，然而最能讓他減少內疚的莫過於見到 Eva 得到了悉心照顧。他終於放下了多年來的提心吊膽，可以睡個好覺，甚至獨自去數天旅行為心靈充電。

以往他們一起生活的時候，家裡永遠播著音樂，冬天在花園的火爐邊喝著紅酒聽古典音樂，她最愛莫札特。當他開始獨自生活，雖然少了

疲憊也多了寂寞。他慢慢恢復雕塑家的身份，親手造了幾個石雕，這些唱著歌的、彈著琴的雕塑佇立在花園的不同角落，每天進出門，就像有個伴打招呼。悶了便拿起吉他，來一曲吧！「每天醒來伸個懶腰，感恩我還活著，真好！今天是屬於我的，要好好地過。」Erhard 說，他已經為自己在安老院預訂了一個位，當下已無後顧之憂。

後記：超重的行李

我訪問期間恰逢一年一度的露天舞台劇公演，全城沸騰，闔家扶老攜幼出動。德國版的《獅子王》「Themba」，連演40場，舞台陣容過百，幾代人同台演出。

在後台遇見這齣劇年紀最大的演員——80歲的 Lothar Molin。他飾演的角色是「象腿」，全場披著道具，只露出雙腳，因此觀眾只看到他的腳。雖然完全沒有露臉，但他的妝容毫不馬虎。「即使當『象腿』都十分有趣！藏在戲服下我可以觀察所有演員的腳步，也是一種很不一樣的視角呢。」他說，十分榮幸參與其中，「每一種角色都是有價值的！」

離開 Arnsberg 時，因火車軌道維修而需要轉巴士。Marita 和先生 Franz-Josef 開車一個小時送我去另外一個城市搭火車。這是一個星期天，他們本應好好享受週末的陽光，卻堅持要送我。

車來了，他們幫我將那「比我的體重還重」的行李箱抬上火車。當車門關上的時候，二人立即掏出事前準備好的花手巾「道具」朝向我使勁揮動，大聲喊：「記得回來，我們等你！」

火車開動的那刻，我才發覺背包似乎重了很多。原來 Aline 不知甚麼時候悄悄塞了瓶水和麵包給我，夾著我喜歡的厚厚的芝士。

淚水突然從臉頰滑落。

這一程，我的行李箱更重——盛載著這個城市的熱情和故事。

結語

提前30年寫「老」，總膽怯有份隔岸觀火的距離感。與這些比我大四、五十歲的異國長輩交心，聽他們細說生命之秋的苦與樂，好像打開了一個個寶藏。做老人訪問，一邊結識，一邊告別。書寫完之前，有幾位老友記離世了。而我有幸記錄了他們在人生旅程綻放的火花。對我來說，這是一門生命教育課。我曾給自己的心靈銀行開了記憶的「帳戶」，將生活中體驗過的所有愛與快樂都存放其中，以便他日有需要的時候，提取出來滋養自己。這次探索之旅，無疑是我記憶「帳戶」中的一筆巨款。

有時，仍會想起序言中提及的那位乏力的伯伯，若當初有人為他採收爛掉的水果，他的生活會如何？後來，我在社區嘗試各種小實驗：96歲獨居伯伯因家中無人監督吃藥，被迫留在醫院臥床四個月……試著在臉書發出「十分鐘接力探訪」邀請，次日社區年輕人接力不間斷到醫院探望，最終伯伯提早兩個月出院回家了。我越來越深信公民社會的力量。香港也出現長者當模特兒、玩電競，銀髮生活的活力值得被我們看見。

擱筆之際，翻到了自己四年前開始探索這個話題時寫的一句筆記：「看到這麼多生命的火花，我也期待著如此老去的無限可能。」相信有一天，我會親自打開這份歲月的禮物。

Alexandre	Claudia Unruh	Günther Krabbenhöft
Aline Zumbülte	Dagmar Freimuth	Hanna
Amal El-Hadri	Dagmar Hirche	Hanni Borzel
Andreas Rühling	Dogus Yagbasan	Hans Dieter Draken
Anke Könemann	Doris Berg	Hans Gerhard Neumann
Annette Grüther	Dorothea Kerrutt	Hans Kaspa Vollmer
Anni Künkenrenken	Dr. Silke Böttcher-Völker	Hans-Casper Vollmer
Antje Sörensen	Dr. Daniel Buhr	Hans-Josef Vogel
Awista	Dr. Meinolf Hanxleden	Hans-Werner Wienand
Axel von Koss	Dr. Wolf-Ruediger Dingels	Hedwig Slomp
Barbara Kley	Edith	Helene Wagner
Barbara Ender	Elisabeth Kleinhans	Helga Poscherieder
Barbara Holster	Emma	Helmut Voigtland
Barbara Lütke Eversloh	Erhard Jäckel	Helmut Piening
Beatrix Fuchs	Erna Schlinkmann	Helmut Vollmer
Beatrix Marienfeld	Eva Wünsche	Henning Scherf
Bernard Wong	Ewald Gerber	Hilde
Bernd Gaiser	Frank Gutzeit	Hilke Veth
Bernhard Klenk	Franz Göbel	Horst Krumbach
Brigitte Reich	Franz Rüther	Hubert Lütke-Eversloh
Carmela Roehr	Franz-Josef Gerwin	Hubert Röttger
Cecile KÜHN	Georg Böse	Husf
Christa Olm	Gerd	Ilka Wolter
Christa Riedel	Gerd Hönscheid-Gross	Inge Foerster-Baldenius（Nine）
Christel Hahnen	Gerd Leins	Inka Engler
Christine Linn	Grania Grözinger	Irmgard Gland
Christina Albers	Gundula Wenzel	Jan Kurz
Claudia Brozio	Günter Hertel	Johanna Schirmer

Johannes Wiedemann

Julia

Julia Haun

Jutta Montag

Kampmann

Karin Haist

Karola Hilborne-Clarke

Katharina Hartmann

Kathrin Gries

Kerstin

Klaus Becker

Klaus Brozio

Klaus Dieter Spangenberg

Klaus Kuyser

Klaus Trompka

Kornelia Wulf

Lieselotte Marienfeld

Lilian Brandt

Lore Bünger

Lothar Molin

Luca Sing

Lütke-Eversloh

Manfred Pollmeier

Manon von Gerkan

Marcel de Groot

Marcel Derksen

Marco Kellerhof

Marco Pulver

Maren Neumann

Margarete Kummer

Margot Jahnke

Margret Kramet

Mariata Schneider

Marita Gerwin

Markus Träemer

Martin Kummer

Martin Polenz

Martin Streb

Martina Zumbülte

Meinhard Von Gerkan

Miao Lu

Michael Hagedorn

Michaela Hansen

Michele Metke

Mine Böse

Monika Basner

Monja Röttger

Nadine Hauswald

Nikolai Kreinhöfer

Oezguel

Ornella

Oscar Schutzius

Peter Beit

Peter Radischewski

Petra Fromm

Rolf Helmerdig

Ron Zimmering

Rudolf Olm

Saskia Weiß

Siegfried Gland

Siems Siemssen & Monika Siemssen

Silke Spiesen

Stefanie Schiffer

Susanne Bötel

Susanne Kutz

Sven-Christian Krogmann

Sylvia Linneboden

Theo Wienecke

Tobias Nerl

Uli Kluge

Ulla

Ursel Mans

Ursel Rudolph

Ursula Bülow

Ursula Schneider-Savage

Uschi Lohmann

Uwe Künkenrenken

Vera Pratschko

Werner Radtke

關愚謙 & 海珮春

張蓮

尚有40多人未悉姓名，在此感謝

「老」不是一個人的事，
感恩一路有你們。

全程支持	David Lee	
製作團隊	莊櫻妮	
	李嘉敏	
圖片顧問	周耀恩	
訪問與資料翻譯	南海芬	張淼
	李漢斌	Karola Hilborne-Clarke
	張蓮	Yvonne Lu
	馬晉生	Ilka Wolter
	陳美慧	

全方位支持			
	Adrian Geiges	Martin Polenz	李煜
	Beatrice Ng-Kessler	MartinaZumbülte	沈培培
	Billie Lau	Mia Qi	林美枝
	Chan Ching Ying	Oliver Radtke	馬家輝
	Emily Chong	Rebecca Sampson	衍傑法師
	Erica Leung	Robin Munro	孫海玉
	Frank Albrecht	Rosa Maria Rühling	海珮春
	Fong Lai Lin	Thora Meißner	張子樂
	Gigi Lam	Tobias Nerl	張帝莊
	Hans-Günther Herrmann	Werner Radtke	張凱晴
	Hinnerk Feldwisch-Drentrup	王冰	張麗
	Inga Niemann	王虹	接潔
	Joey Chan	朱一心	曹疏影
	Karsten Berning	何玉英	曹惠
	Luk Chung Pak	何樂琳	梁偉怡
	Marita Gerwin	李安	梁萬福

		特別鳴謝	羅伯特・博世基金會「華德無界行者」項目
梁錦萍	劉玉梅		德國柏林文學沙龍
陳伊丹	劉翠薇		《明周》
陳仰波	樓瑋群		
陳伊玲	鄧中建		
陳妙珠	鄭傳鍏		
陳美惠	閭蘇敏		
陳婉瑩	蕭曉華		
陳筠而	錢黃碧君		
陳鳳雯	謝愛萍		
彭碧珊	鍾兆燊		
曾梓洋	羅洛沁		
馮寶樑	譚志榮		
黃和平	蘇朗智		
黃若萍	蘇靈茵		
黃寶蓮			
傳燈法師	無法盡錄，銘記於心		

譚志榮（《明周》）	p18左、p19右上、p23、p26、p33、p34左、p36、p63、p68、p70、p77、p198、p199、p200、p202、p209、p210、p213、p224、p337左下
Rosa Maria Rühling	p46、p74、p117、p118、p119上、p169、p185、p193
Inge Foerster-Baldenius	p34右
Marcel Derksen	p56左
Werner Radtke	p83下、p88、p90、p91、p95左、p97左
Oliver Radtke	p99
Andreas Rühling	p123
張蓮	p130、p131
Maren Neumann	p141右
Siems Siemssen	p157、p162、p163
海珊春	p177
Wege aus der Einsamkeit e.V.	p194、p195
Körber-Stiftung	p197
Barbara Kley	p221
Granny Aupair	p223、p225
Carol Lau	p247、p249、p250左、p253
Martin Polenz	p278
Erhard Jäckel	p331上
南海芬	p337左上
宋實	p337左中
Thora Meißner	p337右上
Martina Zumbülte	p337右中
Yvonne Lu	p337右下

書名　　　看見生命的火花：德國高齡社會紀行
作者　　　陳伊敏

責任編輯　莊櫻妮
書籍設計　李嘉敏
攝影　　　李漢斌
　　　　　陳伊敏

出版　　　三聯書店（香港）有限公司
　　　　　香港北角英皇道四九九號北角工業大廈二十樓
　　　　　Joint Publishing (H.K.) Co., Ltd.
　　　　　20/F., North Point Industrial Building,
　　　　　499 King's Road, North Point, Hong Kong
香港發行　香港聯合書刊物流有限公司
　　　　　香港新界荃灣德士古道二二〇至二四八號十六樓
印刷　　　美雅印刷製本有限公司
　　　　　香港九龍觀塘榮業街六號四字樓 A 室
版次　　　二〇一九年七月香港第一版第一次印刷
　　　　　二〇二一年七月香港第一版第二次印刷
規格　　　十六開（165mm × 220mm）三四四面
國際書號　ISBN 978-962-04-3992-6

© 2019 Joint Publishing (H.K.) Co., Ltd.
Published & Printed in Hong Kong

三聯書店
http://jointpublishing.com

JPBooks.Plus
http://jpbooks.plus

Robert Bosch
Stiftung

本書之研究獲羅伯特・博世基金會
「華德無界行者」項目獎學金資助